U0061914

中環一筆叢書

第 ❷ 輯

教育，
過眼不雲煙

何漢權 著

太平書局

「中環一筆」叢書第 2 輯

教育，過眼不雲煙

作　　者：　何漢權

責任編輯：　John Wong

封面設計：　Cathy Chiu

出　　版：　太平書局

　　　　　　香港筲箕灣耀興道3號東匯廣場8樓

發　　行：　香港聯合書刊物流有限公司

　　　　　　香港新界荃灣德士古道220-248號荃灣工業中心16樓

印　　刷：　盈豐國際印刷有限公司

　　　　　　香港柴灣康民街2號康民工業中心14樓

版　　次：　2021年 7 月第 1 版第 1 次印刷

　　　　　　© 2021太平書局

　　　　　　ISBN 978 962 32 9356 3

　　　　　　Printed in Hong Kong

「中環一筆」叢書總序

　　都說歲月有痕。香港正處於百年未有之大變局。順應歷史潮流的變革是一種必然。

　　世上很多變革往往是被迫發生的,包括觀念的變革。任何一個事物的變革,巨大的動力在於迫切需要變革的人。香港走到變革的今天不容易。這種艱難度,香港人最清楚。

　　變革,就是不同於昨天,不重複今天。變革中的問題,只能透過繼續變革來解決。不斷的變革,才有不盡的活力。變革的時代,提供了發揮能力的機會,也提供了對能力的挑戰。

　　立足大視角,變革新香港。跳出香港看香港,跳出當前看長遠。這是本叢書第一輯、第二輯共 10 位作者的共識。

　　自 2014 年 7 月,零傳媒國際有限公司牽頭成立「中環一筆」評論小組,邀請香港媒體界、教育界、司法界、財經界等專家,每週撰寫關於香港時政的評論文章。他們扎根在各自的專業領域數十年,建樹良多。7 年來香港經歷了一系列的動盪,從非法佔中、雨傘運動再到 2019 年的反修例風波,他們一直堅守前線,筆耕不輟。

　　2015 年以來,零傳媒已先後出版了《香港傘裏傘外博弈》、《血色旺角前世今生》、《回歸 20 年 —— 香港浴火重生》、《香港

超越內耗》、《香港拒絕傲慢與偏見》、《香港顏色密碼》、《衝破香港黑夜的曙光》等 7 本相關評論文集,在海內外傳遞出強有力的聲音。當時間走到 2021 年,《香港國安法》已經實施,完善選舉制度條例刊憲,香港迎來一個新的變革契機,我們覺得需要為每一位作者的思考,專門結集出版。

這 10 位作者及其作品,分別是雷鼎鳴《龍鷹相搏 —— 香港看到的中美政經關係》、楊志剛《花開瘟疫蔓延時》、陳莊勤《沉默不螺旋》、屈穎妍《支離破碎的世界》、陳文鴻《港人的家國觀和世界觀》、阮紀宏《來生再寫中間派評論》、劉瀾昌《港人為何未能治港》、何漢權《教育,過眼不雲煙》、潘麗瓊《黑暴未了,真兇是誰?》、江迅《嬗變香港》。

感謝太平書局為此套叢書精心設計,如您將整套書擺放在一起,在書脊處會見到香港地標中環的完整海岸線,我們謹以此向各位作者致謝。

我們共同期待大變革下,香港會越來越好。

序言

　　教育，從來都會掀起爭議並產生異議的。究竟甚麼是教育？教育的理論如何？目標怎樣？受惠受教的對象是誰？資源投放優次如何界定？怎樣實踐？誰要為教育得失負上責任？疑問是千條萬條，答案是難以統一，這是教育惹人苦惱，卻又吸引有志同工委身之處！就以學校教育為例證，東西南北，歷史不老，古之「庠」、「序」，今之學校實體與制度歷久常新，存在決定道理，風雨無悔、師生互動、代代相傳、情義理法的教學都在其中，但另一邊廂，不信任學校教育的「非學校教育（Dischooling）」亦早已出現，從理論到實踐，日積月累，隊伍亦日益壯大，世紀疫情出現，網上遠程教學借勢全面上馬，地球依然運轉，學童硬知識透過電腦先進軟件穿插，快速增長。於是，更有教育學與未來學的專家預言，學校制度式的教育，將會被資訊秒速飛快的、AI 無所不能的時代淘汰云云。

　　學校教育是否在不久的將來會滅亡？答案也是信者有，不信則無，但從現存已發展的教育目標看，教育的對象是人。透過人與人的深度接觸，繼往開來，教師言傳身教，「學莫便乎近其人」、「師者，所以傳道受業解惑也」、「教師是人類靈魂工程師」，這就是朱自清先生所言，教育必須要有「教育的信仰」。當然，

教師是否以學生全人成長為本，是否以身作則，更是關鍵中的關鍵。

筆者教學經年，實踐心得，深信教育是長青不老，學校教育同樣永續發展，世紀疫情，視頻遠程教學廣披世界，但人與人的實體接觸，立體的、多元的、全方位、全人成長的學校「教功」卻日益廢弛，這對弱勢學童所產生「學力流失」的骨質疏鬆症，相當嚴重！疫情期間，《中環一筆》落實出版個人實體叢書系列，筆者有幸被邀約，情義難卻，乃不嫌鄙陋，敢濫竽充數，結集拙文成書，遂將過去幾年，公開發表的有關教育的長短文章整理，以《教育，過眼不雲煙》命名，心念一步一印，留下記錄，願讀者不吝指正。

教育人，也只能論教育事，香港近年，社會紛爭跌蕩起伏，本屬校園教育平常事，也難免進入是非圈，對媒體而言，「教育新聞」是常報常有，但回到教育現場，究竟真心關心並有實際支援教育的，幾家能夠？資訊世界，無遠弗屆，教育議題，是人人可操弄的，卻人人也可隔岸觀火，有無災難，都可袖手旁觀！但教育現場，行內人知行內事，教育效應確是影響深遠的，過眼不雲煙。

書中共分八章，以此驗證「教」出多門，「教」類繁雜，「遊歷學習篇」到「世紀疫情篇」，都是筆者在不同時間、不同情境下，透過實踐，表達對教育同一份的信仰與價值的嚮往。特別要一提的是，「教育，過眼不雲煙」的結集，內有「中美相會篇」及「世紀疫情篇」，這是過往筆者的教育文章結集所未曾觸碰的，或許，這側寫是勢所必然的。畢竟，教育，本來就要家事、國事、

天下事，事事關心，細說故事，導出心聲，在青燈下刻上對人、事、物的看法。教育，腳踏實地，仰望星空，這是起始可貴的初衷，過眼不雲煙！

最後，再次感謝《中環一筆》叢書的相約，讓拙作可以結集成書。教育類別的叢書，準虧本的。另外《星島日報》、《信報》、《亞洲週刊》及《文匯報》能容讓筆者長期開欄寫作；而國史教育中心（香港）的員工，義助文稿及內頁圖片整理，同樣一併作出衷心無言的感謝！

何漢權

目 錄

多元教育篇

世紀疫情篇

遊歷學習篇

樋口一葉的聯想

上周跟隨丁新豹教授等人到日本一行，感受頗多，尤其參訪明治新村一站。西力東漸，中國與日本同樣面對列強壓境，同樣要設法面對大變局。中國前後遭受兩次鴉片戰爭，乃有同治新政即洋務運動的出現，方法是師夷長技以制夷，是中學為體、西學為用，套句俗話是「斬件上陣」，學藝不學全部，特別是不願從基礎教育切入。30 多年後便知結果了：1894 年甲午戰爭見真章，中國大敗。

極具教育價值的時代

日本戰勝東方的中國，再過十年，再戰勝橫跨歐亞、全世界面積最大的俄國，力證福澤諭吉的「脫亞論」路線正確無誤，今天日本的法定貨幣最高面額一萬日圓鈔票，就印上福澤的肖像。對日本全盤西化而言，福澤與明治維新是複合體的敍述，借鑑中國新政失敗經驗，重視教育，釋放思想空間，是今天回看日本當時成功的原因，從明治新村留下的歷史遺蹟看，這裏是亞洲最早實行西化普及課程的地方，科學、法學及文學都重視。

明治時期先驅的人物中，筆者特別留意一位女性 —— 樋口一葉，20 多歲患病早逝，卻留下珍貴的、在日本膾炙人口的文

學作品《青梅竹馬》，開女性積極求學求問之風，極具象徵意義。明治是日人嚮往的、極具教育價值的時代，面額五千日圓鈔票就以樋口一葉為標記。一位無權無勢，只留下稀有文學作品的普通人，竟成為鈔票的封面人物，當中可引發很多具啟發性的思考。

　　行程最後一天到名古屋大學一遊，原來該校已產出六位諾貝爾獎得主，而日本至今累計獲諾獎的達 26 人，是亞洲之冠。追本溯源，這是自明治時代開始，日本對全民教育的重視，從未休止。就算在 1945 年戰敗後的一年，廢墟處處，但日本國會宣佈要實施九年普及教育，這是復興的最關鍵。前後幾次到日本，過馬路守規矩，廁所乾淨企理，服務行業從業者彬彬有禮，街道少見垃圾箱但極之少見隨街垃圾……這回觸目所及，日人的良好紀律並無改變。

　　樋口一葉在日本的歷史知遇，中國能有類似的故事嗎？

（原刊於 2018 年 12 月 18 日《星島日報》）

1：26 的煙蒂在地

　　早前到日本大阪、京都一行。對上一次日本遊是四年前，目的地是東京，筆者聯同丁新豹教授、趙雨樂教授等，帶領近 30 所中學的學生，以紀念抗日戰爭勝利 70 周年為題，開展七天遊歷學習，以史為鑑，在靖國神社門前，向學生們重複這段日本侵華史，最終是要向學生帶出，侵略戰爭行為是害人不利己，是反公義反人類行為，學生明瞭戰爭的可怕，方知維護和平的可貴，也讓學生明白，日本軍國主義的禍害。今天火鳳凰的中國，重生不易，錢穆先生所言，一國之民，當對自己國家要有份溫情與敬意，特別是年輕人，若脫離對自己國家歷史的一份尊重，國家必然缺乏一份厚重的希望。同時走進東京鬧市、近郊如日光公園等地遊歷，盡量讓學生全面了解，日本人的守規有禮、辦事重細節、街道的整潔……

　　遊歷學習是活生生的歷史教育，由此衍生的價值教育，對學生成長必有所感悟，能尊重歷史，仇日不需要，媚日哈日不可以；作為中國人，身在香港，日本侵華史要認識，日本國民良好行為也要學習。

日本人的良好行為依然

這回到大阪及京都，仔細觀察，日本人的良好行為依然，街道上少見垃圾箱，但未見垃圾。三餐用膳，鄰座的日本人，未見粗聲喧嘩。普羅餐廳的侍應，微笑點頭待客，這些景象讓我聯想香港普羅的茶餐廳，香港本土的，大灣區的深圳、廣州、東莞等地又如何？港式茶餐廳的「文化」接待怎樣，清潔衞生狀況又怎樣？大家心知肚明，粗聲粗氣，「大菌吃細菌」，經已根深柢固且視為正常，一分錢一分貨，要包容要接受。

在京都市中心找吃的，穿插橫街窄巷，15 分鐘路程，筆者刻意找垃圾藏身之處，只發現一根煙蒂在地。返港翌日從家出門，走過西邊街，一條斜路由般含道直落德輔道西，漫步 7 至 8 分鐘必達。我也刻意尋找煙蒂在地有多少，整條西邊街，早上 9 時已見 26 個煙蒂，與日本京都齊觀，兩幅實景是 1：26。

心裏戚戚然，無怪不少人都說，香港近年的市政清潔情況，真的差了，誰是元兇？從教育現場看，大家都有責任。

（原刊於 2019 年 1 月 11 日《星島日報》）

我們想到柬埔寨華校義教

　　早前參與由「同心教育基金（香港）」主辦的「一生一師遊歷學習計劃」。這回已是第三屆，地點分別是廣東的順德、柬埔寨的吳哥窟及金邊。同一所學校的一位老師聯同一位學生，遊歷以上三個地方，人生歷練不同，觀景看人察事自然有異，七天相聚，彼此相互照顧，交換所見所聞，回港後，師生合力撰文一篇，書寫遊記，情理俱見，結集成書，難得印記。

　　現場參觀順德聯塑集團的大小管道製造過程。聯想很多，為何 30 多年前只屬山寨式的五金塑料工廠，發展至今天，已成為在香港上市的跨國管道製造商，企業種類多元，實實在在成為國家的品牌產業？

柬埔寨血迹的歷史

　　柬埔寨的吳哥窟，是 9 世紀初期吳哥王朝的首都，以首都為中心，各執掌權力的君主，都按各自歡喜，或加建、或修葺眾多的神廟。觸目所及，吳哥窟的神廟處處宏偉石建石刻，世界無雙。聯合國將之列為世界文化遺產，是自然不過的。事實上，吳哥窟與長城、泰姬陵、婆羅浮屠，早已列為東方四大文明古蹟。但今天的吳哥窟，除了依靠旅遊的外匯收入外，還得靠些甚麼

呢？維修吳哥窟的各項事功，還是依賴聯合國，今天的柬埔寨政府，仍因財力物力科技能力嚴重的匱乏，是身不由己。當中原因是紛陳雜亂，參團的師生，演繹的空間寬闊得很。

1953 年金邊脫離法國人的殖民，由施漢諾親王組成的柬埔寨政府，曾經發達一時，有「小巴黎」之稱。好景維持至 1970 年。其後的柬埔寨仿似受毒咒所噬。先是美國背後支持朗諾發動政變，奪取政權，五年後美國撤出越南，亦無暇續捧朗諾傀儡。於是，朗諾政權被赤柬推翻，但沒有最黑暗只有更黑暗，赤柬統治期間，權爭、愚昧再加兇殘，被「自我屠殺」的人民，超過 100 萬人被整被殺，血的歷史如何解讀。參團的師生必有千言萬語，可作書寫生命教育的題材。

「如有可能，我們師生二人，願意再前來柬埔寨的華僑學校作一段時期的義教。」參觀金邊市一所小小教室、卻人頭湧湧的華校，期間，一組學校的師生向筆者說。

（原刊於 2019 年 5 月 17 日《星島日報》）

追憶辛亥百年行

　　學養與修養俱佳的大學者離世的噩聞，儘管素未謀面，總讓人倍感惋惜。享譽海內外的著名歷史學家、教育家，華中師範大學前校長章開沅教授永別史學界了。

　　對中國近代史有喜愛的，由初階的學習到縱深的研究，相信都會聽聞章教授之名，並或閱讀他的著作。章教授鍾情史學，著作等身，既有對大時代獨到的探究，如辛亥革命的專題，亦有對個別人物的解讀，如對清末立憲派張謇的心路追尋，以至就中國教會大學史來龍去脈，進行深入的分析，研究成果相當豐碩。

　　2011年1月，正值辛亥百周年，港大中史碩士同學會（下稱同學會）有幸邀請到章教授作主題演講。其時，筆者擔任主持之一，至今轉眼十年，但現場記憶猶新，章教授毫無大學者的架子，慈祥可親，演講時有條不紊卻能深入淺出，縷述辛亥革命的必然與偶然。「今年辛亥百年紀念，但我看，還是香港最早舉辦相關研討會。」章教授在港大學黃麗松講堂的公開鼓勵，讓大家深受鼓舞。

　　同年8月1日，同學會按丁新豹教授建議，組團帶領學生遊歷辛亥革命連線之旅，香港、廣州以及武漢。到達武漢華中師範大學時，再邀得章教授與學生見面並演說。筆者翻查當年

筆記簿，留下記錄，章教授談及民力（身體素質）、民智（知識普及）乃至最重要的民德（倫理規範及價值觀）對一個民族及國家的過去、現在與未來都十分關鍵，這三民也決定了民族與國家的命運。章教授謙遜地指出，這是他走過抗日戰爭的艱難，到決意留在新中國，為中華民族獨立發展盡力，但又在文革期間遭到批判，再至改革開放後，又可以從事學術研究，幾十年來在內地乃至海外，包括香港、台灣從事歷史大大小小的課題研究及講學中，總結出的一些感受與心得。

當日，筆者問章教授，最滿意的研究成果是甚麼？「能看到自己教導的學生，學成後都成為方方面面的領航人、挺起脊樑，無愧於民族與國家，這就是我最滿意的了。」記得章教授毫不猶豫的回答。

2021 年，辛亥革命 110 周年，尊敬的章教授以 95 歲高齡辭世，章教授曾言：「歷史是已經畫上句號的過去，史學是永無止境的遠航」，哲人其萎。藉此一角，敬悼章開沅教授。

（原刊於 2021 年 6 月 4 日《星島日報》）

國民教育　烏茲別克聯想

7月底，香港大學中史碩士同學會主辦「絲路明珠—中亞烏茲別克斯坦（Uzbekistan）歷史文化探索之旅」（下稱「烏茲別克之旅」）報名的學校甚為踴躍，礙於資源和照顧學生安全所限，只能錄取20多家中學的學生代表前往。從教育現場看，教學能有愈大面積的互動，師生愈有所得着，體驗（Experience）和參與（Engagement）的「雙E」十分重要，任何學科都如是。

師生先行了解資料

從中西歷史文化學習角度看，「一帶一路」是大課題，香港、中國乃至世界的發展都牽上直接或間接的關係，值得師生作較深度的探索。「烏茲別克之旅」幸得中華歷史文化獎勵基金郭媛平女士全力支持，前歷史博物館總館長丁新豹隨團作專業講解，讓參與的師生眼界見聞增益不少。

選擇烏茲別克的原因，在於這個甚為罕有的、純然全內陸的國家，但回教學術和文化處處。歷史至今，烏國與中華民族的交往頻繁可大書特書。這裏是安祿山（703-757）、史思明（703-761）乃至鄭和（1371-1433）的祖籍所在，也是玄奘（602-664）取西經曾踏足之地。

「烏茲別克之旅」出發之前，40 多位師生先要了解以下簡要的資料。其一，自西漢張騫（164-114B.C.）開展鑿空之旅，開通長安至中亞的陸上絲綢之路。從此，中華民族與中亞各族相互交流，合縱連橫，時敵時友，但東西文化實在相互傳播，互為影響，至今方興未艾；其二，唐代中葉平西突厥後，中亞九個國家曾臣服於唐，此即「昭武九姓」，這些古國大多位於烏茲別克國境內，是陸上絲路的要點，撒馬爾罕此地就由唐高宗李治（628-683）封為康國，成為當時昭武九姓國中最強大的國家，而撒馬爾罕和布哈拉兩城是繁華古城，直至 7 世紀之後，由阿拉伯人攻佔後，情況才有變化；其三，東晉法顯（377-422）、唐朝玄奘兩位高僧的西行經歷，都要有概括掌握。這些資料的閱讀理解，對參與並經歷「烏茲別克之旅」甚有作用。

　　耳聞不如目睹，是次遊歷重點在烏茲別克，但因航班關係，必先要上午取道哈薩克（Kazekhstan）之阿拉木圖。哈國逗留了一個下午，當地導遊達爾汗先生相當盡責和專業。在烈日當空下，毫不欺場，向整團人介紹哈國民族獨立英雄潘菲洛夫、戰爭的紀念碑和不滅之火。達爾汗一口流利的普通話，學習之地源自新疆師範大學。達爾汗以回教婚姻制度自豪，以追蹤成吉思汗偉大自居，短短相聚半天清楚可見。

　　晚上由阿拉木圖乘航機到烏茲別克首府塔什干，翌日清早馬上要趕高鐵先往撒馬爾罕。撒城遊歷兩天，當中帖木兒陵寢、富吉斯址廣場的三大學院（烏魯貝克、希爾多、提雅卡力）、天文台遺址、阿非拉希雅山丘以和帖木兒王陵夜景等，都讓來自香港的眾多師生讚嘆不已，這塊肥沃（Samar）的土地（Kand），人口

40 萬，14 世紀時為帖木兒帝國國都，曾叱吒風雲。2001 年，聯合國教科文組織把具 2,500 年歷史的撒馬爾罕城，編入世界遺產之列，稱之為文化交滙之地（Crossroads of Cultures）。

兩天後又是清早，全團要坐六個小時的旅遊車，由撒馬爾罕轉往布哈拉，這是烏茲別克的第三大城市，亦是中亞最古老的城市之一，9 至 10 世紀時為薩曼王朝首都，13 世紀為成吉思汗所佔，14 世紀給帖木兒征服，16 世紀烏茲別克曾建都於此，史稱布哈拉汗國，即唐代所指昭武九姓中的畢國、安國所在地，是古絲綢重鎮。

想到兩位高僧的堅持

自 7 世紀起，伊斯蘭教開始在布哈拉傳播，歷史長河，前後興建上千座清真寺、神學院，優秀的建築羣四處可見，當中包括冬宮、雅克城堡、薩曼尼大帝皇陵、米利 —— 阿拉伯伊斯蘭神學院等等。古風古貌稱絕烏茲別克各城，整座古城，同樣由聯合國教科文組織列入世界遺產。

值得要特別指出的是，自塔什干至撒馬爾罕再至布哈拉，愈走天氣便愈酷熱，特別是較近沙漠的布哈拉，日間 9 時後室外氣溫已在 40 度攝氏以上，下午更為上升，酷熱加上熱風撲面，全團師生路上頗受煎熬，但當想及法顯、玄奘等人的尋學問、求佛法的崇高精神，比全團師生步行超越千萬倍的長途跋涉、更時刻面對生命威脅，這份對理想的堅持，布哈拉戶外的攝氏 40 度天氣走走，就算不得甚麼了。

布哈拉遊歷兩天，全團又得轉機返回塔什干，第七天的早

上，導遊多薩先生不忘再帶師生到帖木兒博物館，再看帖木兒的「偉大」史蹟；多薩也是一口尚算流利的普通話，學習來源是北京首都師範大學，甚嚮往帖木兒事跡，心醉並深信回教是和平友好文化。多薩告訴筆者，自上世紀 90 年代蘇聯殖民統治解體，烏茲別克突然獲得獨立機會，至今追尋烏族歷史和文化的根本，是當地不少知識分子的責任。處身中、美、俄的大國夾縫中，如何取得平衡是烏國生存之道。「我們對中國是較有好感的，因中國人對烏國沒有壓迫和剝削。」多薩先生告訴我。

「烏茲別克之旅」行程將完結之時，師生各自表述看法和感受。「是次旅程雖然有點辛苦疲累，但讓自己對回教文化有較深入的了解，這與西方媒體的報道截然不同；而烏茲別克的歷史告訴我，這裏既是烏國的歷史，也可算是中國的歷史和世界的歷史，能參與是次旅程，學到的東西很多，十分值得！」其中一位學生有這樣的分享。

最後以「國民教育，烏茲別克聯想」作結。

（原刊於 2017 年 8 月 5 日《信報》）

五四百年 —— 香港・北京・巴黎

　　2019 是五四運動百週年，亦是第一次世界大戰結束百周年，由香港大學中史碩士同學會主辦、國史教育中心（香港）統籌的「北京巴黎雙城五四學習之旅」，連續八天，由丁新豹教授擔任隨團顧問，筆者有幸參與帶領近 40 位師生共同走進歷史現場。回顧百年前中外滄桑，溫故知新，前瞻未來。一行人先到北京紅樓（北京大學原址）。百年風雲，歷史仍在說話。這是中國近代新文化運動的發祥地，蔡元培、陳獨秀、魯迅，胡適……多不勝數，都在各領風騷，這裏更是影響中國發展深遠的「五四政治運動」的中心所在，是日後五四精神的泉源之處。隨團學生能在紅樓親睹各大師的上課授徒的課室，神交嚮往，帶來無限聯想。蔡元培帶領北大的尊重學術自由，兼容並包，「外抗強權，內除國賊」的五四政治運動是愛國運動無疑，同時亦將新文化運動推向高峰，民主與科學的口號，叫價愈來愈高，蔡元培處於風眼中心並不容易；五四的演變，由學生運動逐漸變質為運動學生，蔡元培校長一句「勸君馬死道旁兒」，永遠值得「大人」反思。而當時只屬圖書館助理的毛澤東，亦曾在紅樓工作，月薪八塊大元。當天的小職員，日後竟成為主宰中國政治航行的舵手，歷史的神秘趣味，引發無窮的推敲。

歷史事實，1919 年巴黎和會消息傳來，第一次世界大戰結束，中國以戰勝國身份「有幸」出席會議，要求卑微，只想取回戰敗的國德國在山東的權益與土地，但卻被列強拒絕，將之劃給日本。美國其時已取代英國，成為世界列強之首，美國就用山東鄰近日本、便於更好管理的附加理由，點頭同意日本取去山東。毫無疑問，巴黎和會給「戰勝」的中國待遇，是赤裸裸的戰敗國的掌摑。當日負責外交爭回國家尊嚴與權益的三位外交人員，曹汝霖、章宗祥，陸宗輿當受最重的責難，成為北大學生要內除的國賊。

當帶領學生前赴巴黎和約簽署地凡爾賽宮，看日本代表有五個席位，中國預席只有兩個。再到亞眠市郊一次大戰大量華工集體墓葬之所，大部分是山東籍的華工，青骨就此長埋異域；墳墓門前面的一句對聯「我欲多植松楸遠為國殤名 是亦同賷袍澤勛勞宜媲東土蔭」任人憑弔，無限聯想，而前往比利時布魯日市郊聖安德魯修道院，參看當時民國時期，北洋政府的第一位外交總長陸徵祥墓葬之地，閱讀陸徵祥回憶錄所載的一句「弱國無外交」，一切盡在不言中。形勢比人弱，當時又貧又弱的中國，就算再出色的外交代表，在弱肉強食的國際情勢下，又能爭取些甚麼？再深入點思考，國弱何只無外交，追逐而來的，將會是內政難修，人民生活最是難堪。歷史還公道，當年五四的一句「內除國賊」，大抵要多留點同情與諒解。

除了遊歷 1919 一次大戰後，巴黎和會列強分贓簽約的凡爾賽宮外，亦有機會繞道到楓丹白露宮（Palace and Park of Fontainebleau）參觀，該宮位於法國北部馬恩省；楓丹白露有美

麗泉水之意。由法王路易七世於 1137 年下令建造，至 16 世紀弗蘭索瓦一世大力擴建，企圖打造「新羅馬」，內外建築擺設，將意大利文藝復興與法國傳統藝術結合，成為獨特的楓丹白露派。這裏，是名副其實的價值連「城」，處處吸引有心的遊人駐足欣賞，捨不得移步。

這裏，是了解法國乃至歐洲中古至近世歷史的現場，亨利二世、四世，路易十四、十五，十六以及拿破崙一世，以及歐洲重要皇室人物，都曾或長或短在這宮下榻。再要一提的是，歷史特別記錄的拿破崙，也十分看重楓丹白露宮，將之形容為世紀之宮。諷刺的是，拿破崙大帝的退位詔書，就在宮內的一個小室簽署的。任何年代的政治火熱人物，同樣要面對歷史冷靜對待。

楓丹白露宮另有典藏中國器物的小室，內裏的珍藏，多由 1860 年英法聯軍入侵北京後，再火燒圓明園，法國搶奪得來的、各類清朝皇室的大小器物。圓明園本是清朝的皇室宮廷花園，康熙、雍正，乾隆陸續加建，有謂三山五園，園積不少，按皇帝的喜愛，可作休憩、亦可用作辦公之用。內裏建設同是造詣獨特，為後人津津樂道的，是園門前的十二生肖水噴泉，是科學技術與藝術展現、是東方與西方文化糅合的非凡結晶，說圓明園可說是當年中國萬園之首，並非過譽。

時空交錯，東西論述，法國的「世紀之宮」楓丹白露建築，歷史依舊，輝煌仍然可見。但經歷英法聯軍一把火燒又合力的搶奪，萬園之首的圓明園的寶物混亂中幾乎盡失，如今留下的，是一片頹垣敗瓦，園中精彩萬象，只能憑文獻考究，才能推敲出來，供遊人無邊的想像。

再要一提的是，一行人有機會親睹位於塞納河旁，可遙望巴黎鐵塔的協和廣場（Place de la Concorde），1789 年法國大革命興起，口號亮麗入勝，今天法國三色國旗，就是「自由、平等、博愛」，但烈火理想，理想烈火，不斷高熱高溫。1793 年 1 月路易十六在這裏被送上斷頭台後，至 1794 年夏天，超過 1,000 人以上的政治人物在這裏被處決，當中包括溫和派的羅蘭夫人（Manon Jeanne Phlipon），死前就留下名句：「自由、自由，多少罪惡假汝之名以行！」

歷史在拷問、在深思！最後，以「五四百年 —— 香港‧北京‧巴黎」作結！

（原刊於 2019 年 8 月 17 日《信報》）

人才培育篇

港澳台培育人才計劃

國家教育部近日公佈，港澳台居民只要合乎教育部核准的教師資格，都可以在內地應聘為中小學教師，這是響應港澳台要融入國家發展的大政策。國家發展以培育人才為優先，港澳台有志有心有力的教師們，既於工作的機會可拉大拉闊，更能教有所用，中華大地，人盡其才，地盡其用。國家大政策，由公佈方向到制訂內容，到落實執行，檢討成效，再優化循環，使港澳台教師能全面融入內地，發揮所長，還是需要集思廣益，才能讓好事傳千里。

首先，教師薪酬問題要梳理，香港新一代教師要在本地官津補校覓得常額教席並不容易，假若粵港澳大灣區能有空缺可填，年輕教師當願先往內地尋找機會。但兩地教師薪酬待遇，差距很大，因此如何想方設法提高誘因，使香港教師欣然前往，是中央與特區政府要解決的困難。建議仿效香港學校聘請 NET（以英語為母語的外籍教師）的案例，合約雖有年限，但有吸引應聘的福利條件，如房屋津貼、教滿一定年限可提供一定獎勵。

幫助教師實踐教育夢

其次是如何實踐香港教師到內地能學有所用，更能實踐教

育夢？香港教師的強項在哪裏？概括而言，英語科目綜合能力較強；教學方法較靈活；國際視野較寬；推動價值教育較靈活多變；老師掌握的輔導學生技巧較成熟……因此立項立科，先行先試，取得個別成功經驗後，方可全面推廣。同時，內地教師能否進入港澳台做園丁，這是中央及地方政府必須面對的問題，按平等互動，學校教學人才愈互動，多贏範圍愈大，成功機會愈多，因此內地教師按教學專業、學科能力，以及要通過在地的專業資格評審，同樣可到本港學校尋找教席。相信教授普通話的人才，來自內地的教師對香港是大有幫助的。

還要一談的是，通過政策落實，經驗積累，內地與港澳台的教師專業資歷當可發展互相承認的機制，既求同亦可存異的多元文化將會遍地開花，先在粵港澳，再至大中華。樂觀期盼，教育現場看，中華一家將更具內涵、更名正言順，當然，要學生得到最豐富的學習內容，才算是最好的教育。

（原刊於 2019 年 1 月 18 日《星島日報》）

眉飛色舞的學習

上周日應電台直播節目之約，與三位應屆「香港青史學家」得獎者 —— 元朗信義中學的許宸通、聖保羅書院的霍俊希及喇沙書院的吳倬毅，暢談學習歷史的心得，無獨有偶，三人現今都在香港大學就讀。節目主持人以「如何培養學習中國歷史的興趣」作為共通題。

吳倬毅說：「小時候喜歡看有插圖的歷史故事書，外遊期間，家人更常帶我進出博物館，我就是這樣逐漸喜歡中史的，當然老師亦有幫助；九龍城有很多歷史遺蹟，就地可取材，對促進我的歷史常識也很有幫助。」

香港與內地血濃於水

「我喜歡讀中史有幾個原因，一是香港與內地密不可分，血濃於水，學習中史自然多添一份感情；二是歷史可鑑古知今，有很多故事道理；三是自己喜歡思考，中史學習讓我更能思考人生意義。學校在元朗，有不少史蹟可尋，鄧氏宗祠已很值得遊覽。」許宸通如此表達。

霍俊希說：「自小喜歡到圖書館閱讀，很喜歡看有關歷史人物的書籍，這可以幫助我思考問題更全面，不是非黑即白的簡單

二分化；學歷史也學懂顧全大局、能權衡輕重。」

「究竟如何才能讓學生更有興趣學習中史？」節目主持人問筆者。「任何學科都有死穴，同樣也有廣闊的天地。學生學習之路，是否愈行愈有力，愈有興趣走下去，政府政策的支持、資源的投入，家長是否開明讓子女投其所好，當然重要。但最關鍵還是任教中史科的專業教師，對歷史及歷史教學是否心存敬意、是否願意帶領學生作遊歷史蹟的學習？讓過去與今天進行活生生的對話？從國史學習裏，讓國學有所知及國情有所述。當老師用心用力教導學生，學生自然學有所長、有所用。學生於學，教師於教，自有學與教的良性循環、薪火可傳的效應產生。如今初中中史科獨立必修，彼此應好好珍惜，同心協力，教好與學好國史，這實在是國民教育的最根本。」我回應了提問。

從教育現場看，任何學科的學習都可「悶到上心口」，但同樣可以學習得眉飛色舞，說到底，教師要把第一關，但學校教育各個持份者都應有付出，「百年樹人」這句話值得不斷思考。

（原刊於 2019 年 2 月 1 日《星島日報》）

情濃　理強　守住歷史

　　由香港大學中史碩士同學會主辦、國史教育中心統籌的「香港青年史學家年獎暨全港中學中國歷史研習獎勵計劃」頒獎禮，原訂上月於港大黃麗松講堂舉行。鑑於近期社會事件，同學會未能取得港大「入境證」，加上校園四周設施亦是破壞凌亂，故無法如期進行。在借場遙遙無期情況下，頒獎禮改於剛過去的周日在國史中心（香港）進行。

能將得獎的中學生距離拉得很近，得益亦大

　　滿懷感恩，教育局首席助理秘書長陳碧華女士獲邀擔任主禮嘉賓；年度贊助人郭媛平女士出資出力，也是整天留在國史中心擔任頒獎嘉賓。兩位的嘉言懿行，對前來的學生、校長及家長們，是很大的鼓舞。年輕學者美國哈佛大學博士、嶺南大學歷史系系主任梁萃行教授；英國倫敦大學國王學院博士後研究、港大中文學院助理教授朱銘堅，各自以不同的求學經歷，細說習史的故事，兩人的落地表白，能將得獎的中學生距離拉得很近，得益亦大。

　　兩位青年史學家得獎者，現身說法分享述志求學之路，以及得獎感受。「立身為本，名利為末，而本末無法反轉。立身之

本，在於研習國史，提煉寶貴的人文精神，《資治通鑑》提到雲夢之地有天下聞名、十分剛勁的竹，但假如不矯正其曲，不配上羽毛，就無法煉成利箭……」就讀港大的張瑋宗同學述說。同讀港大的周正賢指出「研習歷史能讓我追本溯源，綜其終始，稽其成敗興壞之理。」「記得以前一家人看《雍正王朝》等歷史改編的電視劇，還有他們買給我的《三國演義》，啟蒙我對歷史的興趣」，周正賢補充說，明瞭孩童的成長，學習興趣的培養，家庭教育發揮關鍵的作用。

　　兩位青年史學家的限時發言，精簡內容卻能讓與會師生萌生頗多聯想。大江大河，小橋流水近觀遠眺，都可蘊含史詩史畫，就看受眾是否願意探究、體會並感受。「『情濃』是歷史愛好者的首要，目中無人、無地、無事、無感情，對歷史就無任何興趣！『理強』，習史必須重視全面證據，無徵不信，孤證不立，道理才能服人。這是守住歷史學問的兩條支柱，一個國家或地區，愈多人願意守住歷史的話，這個國家或地區，才會受到更大的尊重。」這是筆者在頒獎禮的有感而發。

（原刊於 2019 年 12 月 12 日《星島日報》）

師德與積陰德

現代社會，急劇發展，教育之被稱為專業，自要在很多教學的工作範疇，需要通過大學或民間的師資培訓機構，吸取種種養分；以學生為本，日新又新，不會自以為是，故步自封，硬要罷佔杏壇，自稱專業，引導學生走入窮巷，致無法回頭，誤了一生。

走入學校，課堂內外擔當教學工作，專業關口很多要通過：其一是本科知識，中英數理化生史地音體，乃至十年前興起的通識科⋯⋯專業教師都要「對科」入座，要經得起檢驗，對得起學生；其二是課程知識，學校的普羅教育圈，有統一的課程，幼稚園至大學，專業教師在專屬領域內，必須掌握課程的內容、進程與發展；其三是社羣文化知識，學校內外的社羣與文化現象，專業教師多少要有所掌握，不偏不倚，適時適切給予學生正確的人生導引；其四是資訊科技知識，5G 來臨，如何善用資訊科技，不要讓人走入網上犯罪之路，專業教師的言教身教就顯得十分重要。

中華文化孕育的優良傳統之一，就是皇室到民間社會，都會對老師存有一份額外的尊重，天地君親師是也。老師要受到尊重，是要負上較高的自我要求，既是學科上的經師，亦要為學生樹立榜樣，言教身教並重。法律不允許的，行動上的打砸搶燒，

當然不能做，言語及文字上有欺凌、恐嚇、歧視、仇視、造假⋯⋯的任何成分，同樣都不能做。

教師行業是積陰德的

甚麼叫教學專業？當有千條萬條教育學上的種種要求，但最簡約的說法：教學專業就是積陰德的行業。事實上，一位教師在每一學年直接面對的學生，少說過百。小數怕長計，教學生涯平均最少有 30 年或以上，學生要仁愛和平良善？抑或自私暴戾破壞？老師怎麼教，學生耳濡目染，就會怎麼學！當教師的，明白教師行業是積陰德的，每一堂課的教學，每一次帶學生出外的活動，當不會不負責任，將學生推向偏激的大海裏，無法自救，遺憾終身。

跨年的香港政治狂飆，繼續四野奔馳，政客們借亂世，撈得選票拿到議席，滿有收穫，但對眾多被捕被控有罪的學生而言，前路怎麼辦？

（原刊於 2020 年 1 月 10 日《星島日報》）

換位思考抑或錯位思考

　　小學教師網上向學生教授常識課，卻是一點也不常識，竟說因為中國人吸煙者眾多，英國為了要硝煙，所以要攻打中國云云。錯得離譜的言論，引起社會極大迴響，除散發歪史歪論的教師外，校方已發公開致歉信，教育局亦即時指正，老師不能向學生傳授錯誤的歷史，並謂會繼續跟進。

　　事件還在發展中，又有中學中史科教科書出現「問題」，當中「如何評鑑歷史人物」出現兩條資料，其一是林則徐的〈飭英商呈繳鴉片諭帖〉；其二是外國漢學家史景遷的《追尋現代中國》，後者對林則徐頗多微言，對英國發動戰爭卻並不明言。「對中學生乃至教師而言，通過不同資料引入換位思考，月旦歷史人物，是較高階的思維，先要有較全面史實的掌握，亦要有判別資料真偽的基本能力。我恐怕換位思考不成，變成錯位思考，學習國史的重要事件，到頭來是各打五十板，其餘就空空如也。」我回答記者朋友的查詢。

　　然後再補充：「鴉片戰爭本質是侵略戰爭，是開列強侵略的第一頁，賠款割地，其後是常態，1856 年第二次鴉片戰爭烽煙起，終有 1860 年的中英、中法乃至中俄《北京條約》；1894 年甲午戰爭，《馬關條約》，日本取去台灣；至 1900 年八國聯軍，聯

軍侵略學習的源流追蹤，不就是鴉片戰爭嗎？這是中國近代的痛史，任何教學方法，都必須帶出這重要結果。」

一國之民對本國的歷史要有基本的認識

「錢穆先生說過，一國之民對本國的歷史要有基本的認識，對本國的歷史與文化要有溫情與敬意，我認為這是國史，即香港慣稱的中國歷史教學總目標，教導學生中國歷史，方法可以多樣，但不能偏離總目標，否則再談如何精采的教學手法都缺乏意義，說到底，國民教育實源於國史教育，在國史川流不息的長河裏，國學與國情才有可知可述的教育大方向，相信韓國首爾、日本東京等地，在基礎的中小學教育裏，師生們對他們的國史學習，都沒有各打五十板的換位思考法，老師們都會代代相傳，教導學生要愛自己的民族英雄、愛自己的國家……」筆者再與記者朋友擺事實，講道理，說感受。

(原刊於 2020 年 5 月 6 日《星島日報》)

平常、正常是無價

政治覆蓋，都說要「理想」先行，毋忘初心。周星馳先生的搞笑電影，深入民心，也有一句對白：「做人如果沒有理想，跟鹹魚有甚麼分別！」電影輕鬆，政治嚴肅，嚴肅的盡頭就是肅殺。政治鬥爭，從來都不是請客吃飯，互相客氣一番就可以，而是要列陣，擺明車馬炮，要有誓師，敵我要分明，敵人永遠做甚麼都是錯的，自己說甚麼都是神聖的，再用怎樣的語言或行為暴力，加諸敵人。一句替天行道，再暴力亦可變得最神聖，神聖已入宗教領域；只要信、不要問。

未來學界又難有平常、正常的校園生活

近十年，不知為何，大學生、中學生乃至小學生，都愈來愈有政治立場、見解，積少成多，化為政治理想，神童般的政治人才輩出，其中一個共同特徵是信奉民主萬歲萬能、自由無價無限，要反甚麼都可以，事實是否全面掌握卻不重要。《國歌法》就要說成是惡法，道理是否足夠當可不理。《港區國安法》亦快將在香港公佈落實，維護國家安全要有法可依，舉世皆然，香港是中國不可分離的部分，不管年前的香港有否大量暴力出現，立國安法都是正常及平常的一件事，但已養成政治覆蓋習慣的一些

民間組織，又開始鼓勵並組織種種的指罵，看來，未來兩至三個月，學界又難有平常、正常的校園生活。

上月底，中三至中五學生復課，相信校長、教師乃至學生心裏渴求的，就是能夠正常、平常地度過每天的學習生活。筆者上周五到灣仔辦理換領智能身份證，入境處職員彬彬有禮，讓申請者愉悅非常。手續完畢，乘搭港鐵，正值下班時段，人流多，但彼此都有秩序、互相遷就，聽不到口號叫賣。各人魚貫上落扶手電梯、陸續出入車廂，人人自律地戴上防疫口罩，各自往目的站出發。這是正常、平常的香港，讓人心裏愜意非常！世事紛擾，正常、平常是無價。

今天的香港，社會各界，包括家長，有求於學界的，不是製造出一代又一代滿腦子「理想」、要找尋敵人纏繞、左批右判的政治神童，而是提供優質的學習環境，具教學水準的師資，讓學生能夠過正常、平常的快樂學習生活，珍惜青葱淳樸的校園，以實學成就自己，他朝照亮別人，對家國都有一份承擔！

（原刊於 2020 年 6 月 10 日《星島日報》）

教學專業操守

在經歷去年連場社會暴力事件，再加疫情壓境，反反覆覆，終於難得全港中小學有幸陸續復課，彼此要珍而重之。此刻，又有民間政治組織呼籲要公投三罷，其中一罷就是罷課。對全港絕大部分具教學專業資格，並以學生為本的校長及教師們，以及對萬千守望子女的家長們，常理常情下，都是聞「罷」色變。

近來香港政治狂飆，政治專業團體聯繫、操控部分已走入政見激烈、政治立場當真理、甚麼都政治掛帥的學生，「保護」、「唆使」兩邊用。如今，竟來場政治大作秀，要以公投決定罷課，這是明明白白對教學專業的嚴重衝擊，當公投萬能的時候，香港教育將會萬劫不復。

際此時刻，教育局局長致函全港中小學校長，提醒公投並不符合《基本法》，亦帶出《港區國安法》，只針對分裂國家、顛覆國家、恐怖主義行為，以及引入外力干預的少數嚴重罪行，對絕大多數的善良香港市民而言，根本不會受到影響。由此引申，教師與學生都不應有罷課的行動出現。致函同時提及，教師有責任為學生提供和平、安靜、正常的學習環境。因此，政治口號叫喊、校內外人鏈組成，以及任何在外違反法律、在校內公然觸犯校規，引發校園躁動的政治表態行為，學生當不可觸犯，教師冒

進犯難的，更是難辭其咎，教育局必須跟進。

教師教學形象、操守，亮起紅燈，如何是好？

　　教育局致函翌日，再提出新舊教師都要參加教學專業的限時培訓，當中包括教師操守、價值觀，以及國家、國際教育的認識。不得不承認，過去一年，部分教師及學生高度參與社會暴亂，打砸燒「私」，違法被捕的不在少數，年齡羣體，小學生居然有份。另一邊廂，教師擬卷、授課出錯不少；公開的語言暴力及播種仇恨，讓外界瞠目結舌者，所在多有，教師的教學形象、操守，亮起紅燈。如何是好？

　　當下，教育局先致函全港校長，再提出教師要有指定的專業操守、價值觀等專題培訓，兩者前後相連，可說明教育局是敢於承擔，勇於面對問題，這是糾正問題的重要前設。教育局發出清晰訊息，讓學校有規可隨，對重建寧靜致遠、和諧平靜的校園學習環境，甚有裨益。最終得益的還是學生，這也是教學專業操守的關鍵所在！

（原刊於 2020 年 6 月 17 日《星島日報》）

大學自我管理之道在哪？

世紀疫情全球化，聞疫總會色變。香港特區政府面對反覆的病毒，積極應對，分數及格以上。香港絕大部分市民，都能積極配合種種防疫規定，步出家門，多是口罩貼面跟身，自律與自由得到最大的發揮。

網絡教學無法取代師生互動

滿懷感恩，在自律自由攜手向前的步伐下，DSE 公開試在各校完成，艱苦巨壓的個多月，師生攜手翻越。再來是 5 月底的中三至中五復課，同樣有好的開始，沒有亂子，關鍵在於全體師生，各守崗位，珍惜返校上課的機會，彼此努力。隨之而來，小學及幼稚園高班也復課，同是有條不紊，張張小笑臉在校園相見，生氣勃勃，教人歡喜。實體上課，那份實在的情感流露，師生的互動，Zoom 教學無法取代。

「中小學都可以陸續復課，為何大學不可以？」數天前，在中大唸一年級的舊生與筆者飯聚，「對大一生來說，能多在大學校園走動，上上大課，感受大學生活的新鮮感，是感覺良好，但這種感覺很短暫，要等 9 月新學年之後了。說實在，大一唸的多是共同的大課，學業上的影響不大，但對唸大三、大四乃至研究院

的學生，師生的面談，口提面授，焦點跟進，對他們的畢業論文，有起死回生的關鍵作用，Zoom 課是不能發揮如此聚焦的、實體的師生互動。很可惜，大學校園內，一視同仁，大家是不准返校上課，但明明香港的疫情控制得還不錯嘛⋯⋯」舊生的說法，情理俱在。

莫名其妙的大學管理

一言驚醒，大學生都是 18 歲以上的成年人，不懂自律抗疫？中小學乃至幼稚園的學生，都能開開心心返校上課，為何大學不能將課室重新開放？結果推原因，是抗疫物質匱乏？是大學師生仍怕感染？抑或另有不能明言的理由？

只知道大學有學術自由，外界干預不得，卻未聽聞借着疫情之便，大學可自決長期停課、師生都不返校上課的學術自由。但教育現場，中小學乃至幼稚園都已經復課，大學管理階層何解決定不復課？難道這就是大學管理之道？筆者認為，早已終止實體上課的各大學，是要向眾多的本科生、碩士生、博士生，以及公眾宣講，大學不復課的原因是甚麼？奧妙又在哪裏？教育現場還是要再尋問，中小幼都復課，大學為何不可！

（原刊於 2020 年 6 月 24 日《星島日報》）

香港青年史學家年獎

　　由港大中史碩士同學會主辦，國史教育中心（香港）統籌，「香港青年史學家」初選，已於上周六舉行完畢。該活動旨在獎勵應屆中六考生，保持學史的一顆熱心，繼續追尋在青燈下，超越時空的、寶貴的、獨特的、富有趣味及挑戰的學問探索。只要寫一篇學史心得，再獲學校推薦，一校一代表，便可報名參與初選。若進入決選，與三位專家學者組成的評審團單獨面見，最後選出三位候選人，待 DSE 放榜，中史科成績獲優等，並入讀認可大學史學相關學系，經評審團再確認，方可正式成為「香港青年史學家」得獎者。

　　該活動已進入第七屆，蒙各校的校長及中史、世史科老師的支持，參加的學校代表，每年都踴躍。今天特別，社會事件動亂在前，疫情爆發在後，中六同學大部分時間，都無緣回校上課，DSE 之後，又要各自尋找或長或短的「出路」。「香港青年史學家年獎」的宣傳資訊進入各中學，遇上「短板」失聯，石沉大海是自然不過的事。幸蒙不少學校以生為本，能將相關訊息，輾轉傳給對學史有興趣的中六同學，最終仍有 40 多所中學的代表參加。

　　初選面試日，主辦單位按防疫規定，以五人為小組，保持社交距離，戴着口罩，參選者都積極回答從抽籤而來、並不易答、

有關史學、史識與史見的題目。

毋忘對自己國家的歷史與文化

「很多謝各同學抽出寶貴的時間參與初選面試，看見各位中六畢業的同學，都願意穿上校服，對你們的母校很有歸屬和尊重，令人欣賞。剛才各位面試的申論都出色，有根有據。在疫情之下，你們高度認真的參與，已是一份對史學的堅持與尊重，可以說，經已是勝出了。無論放榜結果如何，將來進入哪所大學的學系，都務必繼續閱讀人生，毋忘對自己國家的歷史與文化，心存敬意與尊重，香港、國家與世界三者缺一不可，這也是求學問與他日回饋社會的必由之路。最後，今天在疫情反覆之下，仍有參與面試的機會，也請你們存感恩之心，在多重艱難的情況下，仍提名你們參選的校長或老師，讓你們有機會再上額外寶貴的一課，對他們說句感謝，也是必須的！」小組面試完畢，筆者爭取一點時間，說了一些話。

（原刊於 2020 年 7 月 15 日《星島日報》）

不能冷待大學之道

上周聯招放榜，本地大學學位有限，無法滿足每屆中六考生心中想入的院校及學系，於是派位結果有人快樂有人愁。這是中學經已普及化，但政府資助大學學位仍是精英化的計算，學系的設置未能多元化的必然現象。精英的入學政策，對平日用功不懈、應試發揮正常、考試成績優秀的學生來說，當有額外的紅利。一位考生獲「神科」環球金融學系取錄，又獲全國頂尖的上海交大醫學系取錄，如何選擇？學生從商從醫無不可，父母亦容讓自由選擇，如何是好？

老舊的選校心聲

「在資訊不發達的年代，若有選擇權，首要當是自己的心頭愛好，若跟市場、人羣的『追風』唸書，傷了別人也害了自己，四年後會周身傷痛。再來的是要看哪所大學圖書館藏書是否充沛，無言老師的實力相當重要，大學生在自學過程中，尋求知識、涵養知慧，能在書海暢泳是最大的樂趣；當然，所選學系究竟有無具富實學、肯帶領並提攜學生的老師在，倒要及早查過清楚，能跟名師學藝，一生無憾，真知識自有打開心窗、滲出無言的力量。最後是校園的學習傳統，是否享有寧靜、淳樸、獨立，

自由而又尊師重道的校園文化，同學之間都熱愛學習，懂得尊重個體，亦喜愛集體學習，近朱者赤，近墨者黑，朋友所教，良性或惡性循環都有同等的機會出現。」筆者與這位考生分享了一點老舊的選校心聲。

「今天選校，用老方法、走老路還是可以借鑑的。大學是充實學問與思想激盪之地。左右紅藍綠，顏色解碼，當可自作主張，行事顧己亦必須及人，唸哪所院校、哪一門學系，認真學習，念念不忘，對社會盡棉薄，都會有貢獻。最後還想指出，今天國際形勢愈形複雜，再學術與行動自由的，言與行，都絕不能出賣民族、出賣國家，這是知識分子應有的承擔，界線要十分清楚⋯⋯」我再嚕嗦補述了一些話。

對應屆中六考生來說，整個 DSE 上場考核之年，社會暴力事件與疫情反覆不定，能獨自吃苦面對，考獲佳績叩開大學之門，考生的努力值得嘉許，但當要滿懷感恩，好好珍惜。對大學眾多講師及教授而言，更是要好好培育這批學生，精英入精英出，還大學生一個公道，為社會培育一個又一個的人才。不能冷待大學之道。

（原刊於 2020 年 8 月 19 日《星島日報》）

悼念王曾才教授

　　上周，好友傳來王曾才教授於加拿大辭世的訊息，頓時傷感難過滲雜。王教授生於 1935 年，原籍山東臨沂縣，祖父輩是當地望族，但國難當頭，侵華日軍野性狂噬，就算望族之家，也難避顛沛流離，抗日戰爭慘勝，隨之而來是國共內戰，老百姓苦難依然。王教授輾轉走難到了台灣，苦讀苦學，先在台大完成歷史系學士及碩士學位，再負笈英國劍橋大學，取得博士學位；1973 年應聘香港中文大學歷史系，又應邀出任香港中學會考歷史科考試委員會主席，1976 年返台灣母校歷史系任教，再任系主任，1983 年任台大文學院院長。

　　教育事，過眼不雲煙。有幸在台大歷史系修讀王老師兩門課：西洋近代史及西洋現代史，老師對學生要求頗高，特別對準時上課看得很重，對習以為常的、想當然的、自由爛漫的大學生，遲到及走堂風氣，不以為然。筆者上課不遲到也不缺席，原因是敬佩老師中西滿滿的學問才華，特別是對歐洲歷史的識見，講學精闢，著作豐富，筆者領受很深。

歷史不而已，王教授遺下學問永存

　　五年前的暑假，筆者前往加拿大探親，某天翻看美加版《星

島日報》，見到老師的專訪，倍感親切，連看報道兩遍，得悉王老師有加拿大通史著作一事，對歷史學問的探究，毋負時代，不欺社會，盡力付出，走到哪裏，就要在哪裏憑學問作出貢獻，這也是筆者有幸跟從王教授學習，上了兩年課的深度回憶。

王教授噩耗傳來，傷感的同時，到書櫃找出老師的著作《西洋近代史》巨著，翻閱思索「十五世紀末和十六世紀初，歐洲向外擴張其勢力。先是探險和發現，繼之則為通商、剝削及殖民……於是乎，歐洲的擴大和世界的歐化，成為世界近代史的最大特色」；而在《中英外交史論集》中，老師引用英國史學家湯恩比的說話：「歐洲人一向都稱東亞為遠東，甚至在澳洲的歐裔也沿用此名稱，殊不知東亞在澳洲的北邊，而且相距不遠！這表示歐洲人自以為是世界中心的觀念之深。事實上，歐洲稱霸世界的時間，到第二次大戰為止，至多不過 400 年；而中國在東亞半個世界的獨尊，到 1839 年為止，卻有 2,000 多年的歷史。」

歷史不而已，王教授遺下學問永存，悼念老師，必會用心再唸他的著作。

（原刊於 2020 年 9 月 9 日《星島日報》）

大學，要把「人」字寫得更大

　　深圳大學劉洪一教授，於教師節發表演溝，主題先敍述大學成立 37 年，篳路藍縷，到今天成為一所重要的大學，不斷的努力、奮鬥、成長並永續發展，幾與深圳市的攀山涉水，同步相伴而行。去年曾到深大走了一趟，校園設施頗具規模，師資亦具國際水準，今天已全然受全國學子歡迎。「大樓、大師、大學問固然重要，但在教學的邏輯秩序裏，這些只是教育邏輯工具，不是教育邏輯目標；教育邏輯目標指向是人，不是物。」這是劉教授手心的尺度。

　　大學教育就是要把「人」字寫得更大、更好。大學教育，師生互動，究是從情義中來，幾年的本科學習，總要踏入社會，謀生與處事，生存與生活，都難免向名利走去。究竟是否名利永遠向前，絕不回頭再看情義？這就看大學本科教育那幾年，「人」字是否寫得大，並且寫得有情義。

實踐「人本教育」的最根本

　　中國文化與智慧，早熟卻不蒂落「人」字，易學易明。人是象形，象側站立成人形，以「人」為部首的字，如仁、個……多不勝數；以「人」成的詞組，又有無限的延伸，如人命攸關、人

定勝天、人言可畏。再看「人」的意義，「人，天地之性最貴者也。」（《說文》）；「故人者，天地之德，陰陽之交，鬼神之會，五行之秀氣也。故人者，天地之心，五行之端。食味、別聲、被色而生者也」（《禮記・禮運》）

廣府話有「一樣米養百樣人」，一所大學要將「人」作大寫，當是實踐「人本教育」的最根本。從輸入到輸出，一所大學也會教育出百樣人才，千差萬別，踏出社會，總要對人對己、於家於國，能發出正能量，不能做蛀米大蟲，為禍人間。確實，大學教育，「人」字能大寫的同時，也要寫得好，寫出意義。

近日與幾位家長在組羣電聊「美國教育怎麼看」，一位年輕母親正為兒子尋問大學升學之路。「美國雖然強大，器物鼎盛，但長久以來，走的是『欺人』的政治，四處煽風點火，狂轟濫炸，習以為常，血流當活祭，甚或是美國偉大的必須，二戰到今天都如是。美國的教育都無法阻截、糾正這巨大的、甚具殺傷力的害人歪風，從這角度切入，對年輕一代來說，美利堅的教育，個人認為既不美、亦不堅。」我在羣組中如此回覆家長。

（原刊於 2020 年 9 月 16 日《星島日報》）

聯合國大會及教科文組織

20 世紀，世界動盪不安，戰爭陸續，權力與資源的爭奪是主旋律，科技用於強權的武器之上，八國的軍隊聯群結隊攻入北京，揭開侵略戰爭的第一幕。通過輕啟戰爭，獲取土地、金錢、民族傲慢、高人一等的尊榮。當愈戰愈有的時候，當中散發的引誘，人性沒法擋，野狼聯群結隊，蛻變成列強的侵略文化，再美化成為殖民救世文化。當列強侵略行為內化，成為國際外交的典範而不自知，「鐵和血」是保身最有效的靈藥，於是，軍國主義、殖民主義、重商主義混在漿缸裏，乘時迸發。這是第一次世界大戰的底因，戰勝國強力壓制對手，鐵血再加民粹自由自決，合流之下，乃有更慘酷的第二次世界大戰發生。

1945 年 10 月，聯合國成立，《憲章》序言：「我聯合國人民同茲決心，欲免後世再遭今代人類兩度身歷慘不堪言之戰禍，重申基本人權，人格尊嚴與價值，以及男女與大小各國平等權利之信念，創造適當環境，俾克維持正義，尊重由條約與國際法其他淵源而起之義務，久而弗懈，促成大自由中之社會進步及較善之民生……」聯合國鑽禧之年，正值美國向中國全方位壓逼，全球「身份政治」民粹當頭的今天，重溫鏗鏘有力、擲地有聲的憲章序言，顯然十分重要。人類兩度身歷慘不堪言之戰禍，如何合力

「促成大自由中之社會進步及較善之民生」，也是現今世界各國從政掌權的，掌握人民生活命脈的羣體；從事新一代靈魂工師的眾多教育工作者，更須將憲章序言，放在心頭，劍及履及。對任何戰爭必要毫無妥協地拒絕，對何謂大自由，怎樣才有社會進步及較善的民生，一定要有和平的前設、精準的解釋。

UNESCO 於世界教科文領域貢獻甚大

繼聯合國成立大會後，44 個國家於倫敦召開會議成立聯合國教科文組織（UNESCO），讓人類智慧與道德結合，從而防止爆發新的世界戰爭。從教育現場看，UNESCO 於世界教科文領域貢獻甚大，單是要着力保護全世界逾千處世界遺產，經已是工程浩大，2015 年的《仁川宣言》，就為世界教育定下「2030 行動框架」，指導着世界教育持續發展的目標與方向。

不知道，香港學校的各學科教學，能觸及聯合國資料，並用作教材的，究有多少？

（原刊於 2020 年 9 月 30 日《星島日報》）

不因為甚麼

　　科學秒速發展，驗證人類確是萬物之靈，上山下海踏平路進出天空的探測，層出不窮，新的發現是日日新鮮。沒有解決不到的事情，只有暫時想不到的方法，使用及操控器物的技術，幾乎已到無所不能的境界。無人駕駛的各類型交通工具，經已踏入量產的階段，推出市場指日可待。太空之城的建立，已非夢幻小說，愈是突破現實的發明創造，愈是「無人」可控制的一切，背後愈顯得人類的實體聰明與知識的幹練。

　　人類懂得不斷發明創造，為何阻擋不了大破壞？究竟人類是萬物之靈，抑或是萬物之惡？當劣幣驅逐良幣，邪惡勝良善，舉頭三尺沒有神明，私心冒地崛起，火藥可變成炸藥，再變成炸彈，核聚變又成更大的殺傷武器，海陸空再加太空，四軍齊發，控制地球之後，再要管有穹蒼。謀用是作，兵由此起，大小戰亂、「自然」災禍，相逐而至。兩次世界大戰的慘痛教訓，生靈塗炭，卻未見人類有銘記教訓。兩次大戰後，局部戰爭從未止息，誰要負上最大的責任？世紀疫情在美國發生，遇上美國要彰顯人民自由選擇的大選之年，要爭取選民投下神聖一票，就甚麼都可以，科學上無法證實的神，不利選舉的，當可不要。於是，特朗普要證實自己英明神武，駕馭疫情，在光天化日下說美國控疫成功，

疫亡的病者只是 20 萬之數，若換他人做總統的話，死亡人數將達 200 萬。這叫一場選舉戰成功，將會萬枯骨，實在擔憂，美國總統控制着科學大殺傷的武器，怎麼辦？

只因為學生是我們的下一代

返回香港社會，近年政治意識型態與個人政治立場主導，竟弄至烽火禍香江，呼朋引輩，順我生，逆我亡。校園和平、寧靜、友善、尊重等人性美好的價值，都被身份政治掩蓋，且有師生鋌而走險，參與違法與暴力，在所不惜。教育現場清楚明白，當談及師生的教學互動，起始與終結都是教師主導。

入行初年，聽一位從在職官校優容的崗位，甘願走入治療情緒的「實用」學校任教的前輩，導出轉航的原因，「不因為甚麼，只因為學生是我們的下一代」，弱勢的學童，更需要有心教師的輔導與教導。今天，那些掛着鮮明政治立場、聲稱是「教育專業」的教師，帶領學生走進違法與暴力的慣性圈內，身繫囹圄，抱仇抱怨恨終身。究竟，為的又是甚麼？再問，對得起學生嗎？

（原刊於 2020 年 10 月 7 日《星島日報》）

教育的無限可能……

　　教育是古老，也是常新的行業。究竟教育學是否如醫學、科學、法律、會計等專業等同？擁有一套特定的語言、專門而又不可取代的知識與技術，要通過層層考試，才能由普達專，經過法定註冊的專業，成立公會，容不得有別家偽裝專業分店。當然，均均真真的專業，亦會有行內專業的自我規管，處理專業失德的行為，作出應有的懲處，以保護該行業的專業清譽，顧己及人。

　　教育，是全然走入專業的領域內，甚至是超專業，抑或是在專業領域外圍行走，擦着邊球四周浮游，求其是但，得過且過，隨時可與專業脫鈎，將教育下壓成「次專業」，再至「反專業」。

　　事實上，不少敬業樂業、勤勞盡責的成功人士，背後就因受到一位或多位，心教言教身教並存的老師教導，因而發揮無限的可能性。原來大山裏的孩子能走出大山，以知識貢獻社會；原來不喜歡數理的，最終也可變成科學家；原來有讀寫障礙的，竟喜歡上寫作，最終變成作家。當中關鍵是他們有幸遇上很有教學涵養並委身的專業教師。

教學現象是獨特的

　　錢幣的另一面，天真爛漫，事事好奇，充滿求知慾又活潑好

動的孩童，本來對文、理、勞工、音體美都來者不拒，海棉吸水能力就特強。但蒼天無眼，學生遇到一個又一個尸位素餐、開工等着放工，「教學生活」上只求個人權益，不會將學生學習利益放在眼裏，將專業用作掃地的「教師」，孩童必會逆向而行，往失望與無望的方向走，學習的「成果」不問可知。

課室門關上，教學啟動，也是「超專業」、「次專業」乃至「反專業」充滿可能性的開始。怎樣的老師，就會「培育」出怎樣的學生，但教學現象是獨特的，一堂課下來，受教的學生是「充滿健康盼望」，抑或「暗藏毒素頹唐」，是難以檢測出來的。日子才有功，若然高喊「教育專業」的教師，教育行動的上課，是連篇謊言，局部當全部，造假視作真理，惡果才會呈現，傷害性就被引發出來，害人害己。小學學港獨，大錯鑄成，年紀愈細的學生，愈受傷，愈無辜。

教育，可以給新一代帶出風光媚美、人生美好的無限可能，亦會拐帶學童走入黑洞、充滿仇恨而無法回頭的絕地。

（原刊於 2020 年 10 月 28 日《星島日報》）

人文精神與科學創新教育

　　「全人教育」的理想與實踐，想必是所有教學專業工作者的嚮往。撮要的演繹，就是健全的、完整的，能涵蓋德、智、體、羣、美、善的教育內容，並能知行並重。套在 50 年前馬斯洛（Maslow）的全人學習認知架構裏看，師生教育的互動，就是要先攝取基本的生理與安全需求，一步一腳印，提升至自我實現，發揮個人潛能，尋求理想，超越自己，進入對人、對社會都有貢獻的美好境界。

　　實踐「全人教育」的方法與途徑，當是人文精神與科學創新。兩者融合，難分軒輊，相輔相成。但說易行難，特別在國際政治森林，弱肉強食的惡性循環勢態下，科學科技用於海、陸、空及太空四軍的不斷研發，從而謀取、霸佔及掠奪最大的生存、發展與話事的空間。由此而出發的科學創新，勢必將人類謀求和平、良善、平等、尊重、改善生活、增進幸福的人文精神洗刷至盡，亦即是將科學創新的良好願望、深邃的含義，甩到九霄雲外。國際上，大國不正小國歪，當今世界科學創新最前的美國，帶頭輕率地撕毀《巴黎協定》，退出《禁止核武器條約》。事實上，隨着科學創新常態化下，全球生態環境愈受破壞，藥物與食品安全問題，嚴重至奪去人命當平常；信息作偽毫無節制，偷呃拐騙是

見慣不怪，這些亂象不斷衝着人而來，可以這樣說，科學科技創新，若與人文精神脫鈎，不將人的生命、生活與價值放在眼裏，人就只能困於四周枷鎖之中，且活於恐懼惶惑裏面。

全人教育的精髓

「明德格物」、「止於至善」都是中華文化、全人教育的精髓，是人文與科學創新的淑世與永續關懷。西方啟蒙運動的集大成者康德有名言「人為自然立法」；而近代哲學大師尼采亦說過：「一旦科學失去良知，則是靈魂的毀滅！」世界頂尖的麻省理工學院（MIT），立校使命是要讓學生通過科學、工程的知識與技能解決世界具挑戰的難題，但翻查該校本科課程，學生必須修讀文學、歷史和音樂等與理工「無關」的課程，且佔整體課時的四分之一。人文內容傳授與精神融入，使得 MIT 學生的理工知識，通過優質的教育，轉化成理工學養，衍生更上一層樓的智慧，代代相傳，凝聚為麻省理工領導世界 STEM 研究的優良學風。

時局大勢、政府識見、社會氛圍，決定了教育呈現人文與科學分量的輕重，但萬變不離其宗，教育關注的根本，必須是萬物之靈 —— 人。

（原刊於 2020 年 11 月 4 日《星島日報》）

老師的一句話

　　問過不少認真教學、以學生為本的教師，一個簡單的問題：
「為何選擇當教師？」不少回答都是：英文科老師教得好，所以
愛上英文，大學畢業後，選擇做英文科老師。教育現場，各科的
「新知舊雨」都有同樣的答案，言雖簡意無窮，潤物無聲，春風
化雨。

　　「天地君親師」、「老師是人類靈魂工程師」、「老師一言，勝
過孩子父母百句」、「師恩重如山」……在在說明教師的重要社會
地位，受社會尊重的濃郁芬芳。老師愛學生，永遠青春。老師
能獲取集體美好的讚賞，並非用計謀，開個羣組，巧取暗奪就可
以。而是毋忘入行初心，以學生為本，默默耕耘，於學科、課程、
教學方法、社羣文化、家國情懷，再用言教身教心教，付諸行動，
以師德感悟學生。時勢雖有變，卻代代仍有師德的堅守、鞏固與
發展，讓教師行業仍有一席受尊重之地。

　　樹大必有枯枝，小學「老師」公開教導學生，鴉片戰爭的原
因，是英國要幫助中國人戒煙而發動的，老師一句話的發酵，英
國侵略變幫助，鴉片戰爭神聖的了。如此錯得離譜的個案，夠資
格成為香港教育史書裏，極反面的教材。這樣教學的錯，無法原
諒！若用求其是但的方法處理該老師，警告了事，一切如常。這

將害了學生，傷了教育界的各個持份者，當然也是視香港教師的專業社羣如無物！

不容許歪風吹倒教學專業

對誤人子弟的老師愈加保護、不斷放縱的話，這是對學生最大的、最直接的傷害。容許歪風吹倒教學專業，病毒一播再播，受害是整個香港的學界。筆者曾經在一個校長論壇談何謂教學專業：「教學專業千條萬條，歸結就是廣府俗話的三個字，那就是『積陰德』，教師是良心事業，用這三個字策勵教學專業，規範教師言行，足矣。」父母將最心愛的子女送進學校，這是信任與交託，教師怎能「噏得就噏」，授以離天萬丈的荒謬「事實」予學生呢？難道，「子女是別人的」，就用怎樣的「教學語言與教材」作出集體的欺騙與欺凌都可以？

（原刊於 2020 年 11 月 18 日《星島日報》）

哪裏有自律，哪裏有自由

過去一年，烽火疫情，困擾整個香港，學界不能置身事外。校園上課、大小教學活動、開學禮、結業禮乃至要向校園生活告別的畢業禮，都並非必然成事。師生實體要見珍重的一面，都要望天打卦。上周六，筆者以校董身分，出席曾任教最長時間、回憶最深的風采中學畢業禮。疫情反覆，中六畢業的同學，絕大部分已進入大學，接受網上教學洗禮，已近三個月。但學校堅持以學生為本，六年一貫，要還這屆烽火疫情多磨的同學，人生難能可貴而獨有的中學畢業禮。

教大校董會主席馬時亨，始終予以情義支持，在畢業禮延宕四個多月後，依然應允再抽空到校擔任主禮嘉賓，甚是難得。全場各人雖戴着口罩，卻擋不住師生六年的情誼。既是中學畢業生，亦是大學新鮮人，雙重身分參與遲來的畢業禮，春天心意一樣濃。筆者現場見聞，整個畢業禮的進行，新冠疫情的考驗，更顯學校全體師生，聚精神、盡心盡力、少說話、多做事的投入參與。

簡單而莊重的畢業禮

一個半小時簡單而莊重的畢業禮暨頒獎禮，是有序、融洽、

賦情有義。主禮嘉賓馬時亨主席向畢業生致勉辭,題為「三有」。
一有是毅力:馬主席以自己中學求學由「擔梯」(即 H 級)的最低
層,最後被母親「罵醒」,終能堅持考入香港大學;之後就業被派
往美國紐約工作,被上司責難至孤室獨淚,然後克服種種挫折,
終能再被重用。二有是國際視野:馬主席認為,內地近 30 年翻
天覆地的改變,中國的發展就是學習經濟成功的一本書,值得深
入閱讀;同學多爭取往國外多跑多看,是擴闊視野的重要選擇。
三有是良好品格:馬主席提及,良好品格賦有多元價值,其中「尊
重」及「感恩」是兩項重要的價值。在多元的社會裏,每個人都
有自己的看法,但最重要是要尊重別人的看法。對畢業生而言,
別具意義。

　　其後,畢業生代表致辭,當中有言:「哪裏有自律,哪裏有
自由」,這與馬主席的訓勉辭,起着前後呼應之效。或許,良好
價值的默默傳承就是這樣。

　　　　　　　　　　　　(原刊於 2020 年 11 月 25 日《星島日報》)

教學範式改變

　　日月星移，時代不同，大社會情勢有異，牽動萬千青少年的學校教育，範式就得轉移。教學現場的 Paradigm Shift，老生常談，卻是永不言倦。

　　今天的全球，新冠疫情幾乎是無孔不入，生命保障是重情重理，再教育先進的城市，學童返校上課的權利都不再必然，隨時停止在校實體課，啟動在家網上學習，乃至應測應考，已是學校教育新常態。

　　伴隨新常態而來的教學新難題，陸續有來，教師的網上教學能力，於學科、課程、教學方法、社羣文化、價值引導，以至「課堂」經營，在在都要重新適應；學生的線上學習，同樣要眼明手快，備課更多，自律更大，方能學有所得、習有所成。

　　「校長說要尊重私隱，讓學生培育更大的自律，因此，各科網課除點名外，除非必要，學生不用開鏡，亦可閉聲上課。於是，網課愈變自由，近日在網上真正全程在線的，平均都是單位數字，網上交功課的同樣是單位數，怎麼辦？」一位平素認真教學的老師訴說。「學校網測，規定學生前後都要開鏡，受監考老師於網上察看，但學生依然可翻查網上資料作弊。」前後已有兩所學校的老師在與筆者閒聊中，講出同一的問題。

怎樣面對「學力流失」

網上視頻教學，未有想到春風化雨，變作考驗貓兒是否捉到老鼠。對以學生為本、克盡己責的教師來說，要面對疫情長期盤踞之下，作出教學的範式轉移，一點也不輕鬆，工作量是一點也不會減少。另一嚴峻問題，就是貧窮學生，接受網上教學的必要輔助電子設備，屬長期的匱乏，亦未有家庭支援，因而出現的「學力流失」又怎樣面對？

教育大視野，一步一足印，毋負新一代。當教學必須要面對範式改變，口號式的鼓動是無濟於事，學校孤軍不能作戰，面對疫情大軍，做好「不停課」亦「不停學」的優質教學，教育局的全面落地，於政策上、於資源上、於專業支援上，刻不容緩。教育現場上，這是最好抑或最壞的年代，就看今朝的了。

（原刊於 2021 年 1 月 13 日《星島日報》）

華為成功在於教育的遠見

過去的兩百年，東西文化代表的背後力量接觸，並非以互相尊重乃至欣賞的常態接觸，而是以強凌弱、單邊獨贏，軍艦大砲後來再加飛機轟炸、視人命如草芥的變態接觸。在勝者全取的、高高在上的森林軍國主義、重商主義之下，第一次、第二次的世界大戰廝殺、在超乎預期恐怖下發生。其時，地大民困國弱的中國，受盡蹂躪，無法建設，可幸的是，重視教育還是這老大國家暗藏的長青藥。戰時西南聯大的走難大學，人才輩出，可見中國重視教育的底氣深厚。

日光之下無新事，鄧小平的傳承與開創思維結合，劃破翳悶，1978 年推出改革開放大政，其中重要的一環是恢復大中小學教育的正常化，再舖墊教育人才培育制度。四十年來，沒有假大空的換日月新天，卻具有實質意義的、全面改善老百姓生存、生活，並能永續發展的上天落地入海的各項建設與科研，以及提倡中華民族文化的復興，綜合並進。讓國力、民生與民族尊嚴全面提升。華為是在這個背景下，由任正非及其工作團隊，努力建立起來，點線面體，成為世界級的網絡通訊電訊科技公司，服務全中國，服務全世界。

國際競爭，霸着大平台的，專打出頭鳥，古今普世皆然。中

國改革大潮，華為早已衝出大洲大洋。前年，筆者有份帶領 30 多所中學的學生，前赴烏茲別克與哈薩克，學生觸目觸耳所及，華為已成當地城市、鄉郊的通訊網絡設備及運作，最重要的供應及支援商，這令來自一向依傍美歐日科技的香港學生，打開另一道心窗。

　　華為事件，舉世觸目。夜闌人靜，從情理法的角度思考，中國公民孟晚舟只屬過境，竟被「熱情」助美的加拿大政府，以手鐐扣押拘捕，要等候美國法落。稍懂列強橫行歷史的，怎能不氣憤！但任正非接受媒體的採訪，並未有就自己女兒受不公不義的對待，大聲疾呼，尋求公義，只是相信法律的公平，正如華為的業務進行，都遵守所在國的法律法規一樣。歇後語是看標榜重人權、要法治的列強怎樣做。任正非接受訪問的說話內容，更讓筆者印象深刻的，是任對教育的重視與申述，教育的投資，人才的珍惜，對老師的尊重是清清楚楚的說明，「今天大家看到華為有很多成功，其實成功很重要的一點是外國科學家，因為華為工資高於西方公司，所以很多科學家都在華為工作。我們至少有 700 名數學家，800 多名物理學家，120 多名化學家，6,000、7,000 名基礎研究的專家，6 萬多名各種高級工程師、工程師……形成這種組合前進。因此，我們國家要和西方較技，唯有踏踏實實用五、六十年或百年時間振興教育」事實上，華為的 5G 與微波融合技術發展，已是領先世界，成功關鍵是毫不手軟將賺取的利潤，幾乎全投放作研究之用，再轉化成新、舊項目的投資，這就是教育發展的思維。「客戶給我們的錢，不是產生利潤，而是產生投入」。教育投資與培育人才相結合「就算花了 150 億研究的

項目不成功，但研究過程中就會產出很多優秀的人才」，而重視教育系統的論述裏面，任正非再次突出科學與人文培育的成功中，教師角色的關鍵「振興與教育不在房子，在於老師。黃埔軍校就是兩條綁腿，抗大（指抗日軍政大學）就是一條小板橙」道盡辛亥後的民國政府，以至今天中華人民共和國如何艱苦奮鬥，困乏多情，民族怎樣的前進進才能有今天，「物資不是最主要的，人才才是最主要的，人類靈魂工程師應該得到尊重，這個國家才有希望，」「用最優秀的人去培養更優秀的人，我們再窮也不能窮教師」任正非的教育實踐，側寫華為成功的主因，而中國政府及特區政府主管教育的，理當重視。筆者多次提出，用當今中國各大城市排列，香港特區的教育總體的綜合實力，仍是處於最前排的位置，東西文化薈萃，人才不少，這是歷史發展使然，亦是港人一代又一代的努力打拼結果，但時代激變，甚麼也不確定，想像往往追不上事實的出現與發展，教育必須及早並時刻建構、修葺穩健的發展平台。

林鄭是屆政府，對教育的投資是放開手腳的，這點值得讚賞，但投資着力點，仍須全面視察。當中教師專業階梯、職級及學校撥款必須要因應優質教育發展而落斧鑿，大中小學及特殊的教育投資出現大差距的例子很多，就以現存的火柴盒式的小學校繼續「營運」為例，這是完全不符學校推動優質教育的實體需要；STEM 計劃推行多時，有學校撥款工程專項的預算嗎？津貼中小學教師要有房屋津貼，依然被視為奢侈；教學滿十年有帶薪進修假則視為天方夜譚。以香港儲備的財富而言，這是不能也，抑或不為也！馬兒好馬兒必須要吃優質的草，逆水行舟，不進則退，

在中國內地各大城市迅速冒起，世界大變的格局下，要繼續擁有教育話語權，香港教育的投資確實要繼續落力。但筆者也必須鄭重一提，對那些拿了教師執照，支取了與世界標準的教師穩定薪酬，卻是尸位素餐，仗着「文明」的教育及勞工條例大保護，整天誤人子弟，法定「病假」視作個人福利例假看待，逃避工作，而又擾亂學校行政的少數「教師」們，亦請用心眼看任正非的教育論，簷前滴水，好自為之！要學生高質素，大前提是要教師具有高質素。

（原刊於 2019 年 1 月 26 日《信報》）

多元教育篇

香港教師的競爭力

國家教育部開放內地教席，容讓台港澳人士前住內地覓找教席。此一國策，意義重大。可述可記之處甚多，首先，這是國家自信的表達，是自 1978 年改革開放以來的教育政策的突破。大家明白，教育是弔詭的，可教好學生，亦可教壞學生，可引導學生受教守法、循規蹈矩；亦可特立獨行，語不驚人死不休，讓學生敢於造反，毋負青春。說到底，內地與台港澳，歷史發展，無論制度，文化及生活習慣，乃至口頭用語及書寫文字都有所不同，讓「外來」的教師入境入學，不怕有不可言喻的亂子出現嗎？

從歷史尋找線索，整個中國改革開放的結果，四十年的堅持，勇於面對挑戰及競爭，集思廣益，百花齊放，中國的經濟發展，綜合國力的提昇，有目共睹。時間往上推移，漢唐風範，說的是四面開放而不是封閉瑣國，日本人愛慕的中古文化，極力保護，唯恐不周，書道、茶道、劍道、拉麵道……源自大唐，日人並不諱言，這屬中國開放政策下，創造出來的燦爛文化。

行業專業，要有心有能者居之，這是原動力、承接力及創造力所在，是永續發展的根本。粵港澳大灣區，長江三角洲經濟帶，黃河流域中原發展區，大西北廣闊的空間乃至黑龍江東三省都永遠需要好教師。如今，只要合乎內地教師入職要求，兩岸四

地申請者都有機會，究竟誰最是有心有能者，還看今朝。學科能力、課程知識，語文能力、資訊科技素養，本土、國家乃至世界的視野的綜合識見、培育學生全人成立的耐力與內涵，香港申請者處於兩岸四地的序列如何？在過去一段很長時間，香港一些現職乃至退休教師及校長，都有前赴內地義教的寶貴經歷，都很受內地學校歡迎，如今國家教育部開放編制職位，情況發展如何？實在很值得記下濃重的一筆。

時代在變，整個大中華的教育形勢都在變，這是國家第二個四十年改革開放，兩岸四地教育發展新一頁，期望有心有力的教師，為要步入小康的中國，寫下美好的篇章。

（原刊於 2019 年 1 月 22 日《星島日報》）

教師帶薪進修計劃
確保香港教育優勢

　　教育局公佈推出「教師及校長帶薪進修」計劃（下稱計劃），連中小幼的學校在內，名額共 50 個，為期一至五個月。至於是否年年都有設定？參與計劃的教育同工，要具備甚麼條件？帶薪進修的目的地，是教育局的硬指派，抑或教師可自由的軟決定？拿取公帑進修，學成返校後，要有何回饋在校師生？……仔細方案，還有待落實。

　　但無論如何，學界對計劃的反應，普遍舉手贊成，認為是政府對教學專業前線同工的一份尊重。筆者所屬的教育團體，於10 多年前，已屢屢通過不同媒體表達要有「教師進修計劃」。特首林鄭月娥在競選期間，教評會也曾向她遞交香港教育意見書，其中一條清楚有此計劃的建議。

　　「光纖傳遞飛快，知識系統卻需要與時俱進建立又重新建構，而對很多盡責、勤懇工作的教師們，面對每天問責性甚強的教學與案頭工作，學生學習在前，這些教師實在難以抽身，作半年或一年，走出課室以外進修，以期將自己所教的，來次認真的翻新。但進修學習，對一生為師的育人工作者來說，顯然重要。

因此，教育局讓任職註冊教師滿 10 年教齡的，能設定終身有一次、時限為一年的帶薪進修，這是促進香港教師專業化的政策，對整個教師行業來說，是極大的鼓舞，對吸引優秀人才加入教師行業會產生推動作用。當然，帶薪進修是用公帑的，合乎條件才能申請，學成返校必須要有兩年時間在原校服務，使進修計劃更添教學果效……」

望計劃盡快落實

現今，教育局從大局出發，以學生的學、教師的教為根本，設定甄選原則，盡快將計劃落實，學界樂見其成。筆者也藉此欄提出，計劃的名額應由 50 個（包括中、小、幼），即時擴充至 100 個，這是可行並應該行的，算一算，香港現職註冊教師，計有多少？

同時也可算算，香港應視之為良性競爭對手的新加坡，是如何鼓勵教師進修的？粵港澳大灣區融合發展在前，各方矚目，香港教育要如何大步向前，方能保有優勢，也必須要計一計。

（原刊於 2019 年 3 月 15 日《星島日報》）

對香港教育的建言

　　教評會周年大會，有幸請來專研教改的學者鄭燕祥教授作專題演講，鄭教授的演講旁徵博引，美國、中國與香港近 30 年的產業數據；香港及世界各他輸出大學生數量是一浪接一浪⋯⋯香港產出的大學生，若按傳統舊有的內部造就，如何與世界各地的大學畢業生比較，能突圍而出？筆者想到，自新高中文憑課程落地，全港中學要一條龍學習同一課程，傳統的精英課程，要全部普羅的學生學習，六年的長跑裏面，有不願踏上起跑線的，有跑上半途滯後，甚或棄權的，就代表失敗。

　　好不容易跑到終點，且領取獎品，一紙矜貴的大學入場券，但四年易去，今天並不多元的各大學學系，究有多少能讓學生掌握創意（Creativeness），對事物滿有新的想像？能時有發明創新（Innovation），常有新點子？又敢於創業（Entrepreneurship），大大有利新時代的工業、商業、文創與科創的開展？

香港教育須回應教改拆牆鬆綁精神
　　鄭教授提及香港的中學教育，新高中文憑試的課程內容，並未能回應教改的拆牆鬆綁精神，且是逆向而行，據統計，10 位中學生就有 6 位參與催谷考試的補習班，高分低能，只懂考試卻

不會做事做人的中學及大學畢業生，將會愈來愈多。近兩年，特區政府對教育的投資有明顯增加。鄭教授邊稱是，亦邊提出忠告，那就是任何教改及教育投資，最終必須要回答，究竟對教師的教、學生的學，有無幫助，有無空間與能量的釋放。有則愈喜，否則愈憂。

鄭教授以即將實行的一校兩社工為例。事實上，校園生活，最了解學生、最適宜進行全面輔導學生的，應是老師。對學生品德教育的栽培，亦需要教師以身作則，並花大量時間與空間，與學生並肩前進，但教改及教育投資能關注此重要一環嗎？

鄭教授從大教育剖析，有根有據，精闢道理。從教育現場看，當教育投資到位，如中小學教師全面學位化，教師人手比例增添，各科學習使費撥款得以加添，校園設施得以顯著改善，教師可申請帶薪進修……的同時，香港教師能站在世界教學之林，從教學專業角度審視，能具備先進的教學水平？又能以身作則教好學生嗎？

（原刊於 2019 年 4 月 5 日《星島日報》）

杏林有情有愛嗎？

筆者童年在澳門度過，少不更事，早上起床，晚上上床，一覺到天明，物資匱乏，但無拘無束，心靈快樂。偶有頭暈身熱，就讀耶穌會主辦的海星小學，設有贈藥施藥的服務。記得一位馬醫生、一位歐醫生，都是葡籍傳教士，兩位醫生負責輪流看病也負責執藥，不管是哪一位應診，都是滿懷笑容，探探熱、摸摸頭，甚麼安全感、聯繫感統統都來了。很多年過去了，我還是留下很深的印象，就算無病在身，也喜歡到設在學校門前的診所，掛個號，輪個診，主要是喜歡喝甜甜的「咳藥水」以及與馬、歐醫生打個招呼，感受那份孩童最想要的和藹可親。

近日香港熱話，究竟大學是否應該加添醫學系的學額，以及開放海外的醫生在香港免去實習期，從而補救香港的醫生短缺現象，造福病人。但有香港醫生團體的代表，力加反對，特別是引入海外醫生的一項建議，反對者就力陳箇中「致命」弊端：「只需一個由外地引入的醫生不濟事，無數的生命就無法有保障」這是似是而非，實則是荒謬自大的「解說」。先要指出，本港醫科畢業的醫生，各個都是神醫並且無一失手的嗎？今天的兩間大學醫學院，教導本港準醫生成才的教授們，究有多少是從香港以外的國家或地區引入？抑或個個醫學教授都是香港土生土長土教而站

上醫學院的講堂上呢？更關鍵的問題，現今的公立醫院乃至私立醫院，已有充足的醫生人手，抑或是日日鬧着醫生荒？曾經輪過急診的，都知道等候見醫生是十分艱難的，是望穿秋水的。說到底，反對引入外地醫生的一些本港醫生團體，骨子裏，還不是要獨家經營，僧多就會變得粥少了！

九七前，外來醫生不少，特別是英聯邦畢業的，實實在在是來自歐、美、亞、非、拉丁美五大洲都有，只要一紙由外全科醫生畢業執照，合法登陸香港的，經過合法註冊後，就可以坐直通車，在香港行醫施藥，造福香港病人。這是人所共知，為何九七以後，醫生行業更是大門深鎖，置病人需要而不顧呢？杏林有情有愛的深度在哪裏呢？

（原刊於 2019 年 4 月 16 日《星島日報》）

校友感恩　愛護母校

　　學校文化要積累，歷史久遠的，沒有被潮流沖走灰飛，依然屹立百年，甚或更長的，自生而不滅的優良傳統，由此而衍生的、獨特的價值。有特別偏愛自由的，有倍加重視循規蹈矩的，有特別重視音樂與藝術活動，有特別重視走出課室作遊歷學習，也有認為考好校內、校外的公開試，方能真正驗證學校的辦學能力……各校傳授的價值多元，小學六年、中學六年，學生青春歲月，校長、教師執手度過。不問甚麼，只因學生是我們的下一代，價值的終端，師生都能領悟求學的目的在做人，能實踐己立亦立人，不枉學校的教育。

　　驗證學校教育，畢業校友如何看待，對待母校是很好的指標，學校有硬體建設需要常規經費以外的援助；在校的學弟學妹，於學業、體藝上需要「老」帶「新」的近親幫忙；學校舉辦的陸運、水運，以及大型的活動需要更多的參與、更大的鼓勵；乃至校內不同的組織，舉辦如校友旅行、春茗歲首歡聚，在在需要人氣提升等，回頭舊望，作為校友，若以母校為榮，當會積極參與，有錢出錢，有力出力，有時間就撥出時間返母校，對號入座作出各式各樣的幫忙。這是存感恩之心，愛護母校，有情有義。

對母校的慨捐

幾年前，筆者任教學校的一位校友，於回校對學弟學妹分享在印度孟買工作經歷的同時，默默放下一張捐款予學校的萬元支票，說實在，該校友月薪不高，此一捐款是大數。這對一所建校歷史不長的學校而言，是很大的鼓勵。「這小小的捐款，相對母校長年的用心培育，幫我尋找學習的機會，是微不足道。」隨後出現的第二個、第三個⋯⋯都是月薪不高的校友，對母校的慨捐。

大半年前，第一位捐款母校的校友轉職了。「我希望在新的工作崗位上做得好，最重要是對得起學校及家人。」相約晚飯時，他認真地對我說。傾談期間，得悉多一宗喜事，他快成家了，衷心祈願，致以最大祝福。

（原刊於 2019 年 6 月 14 日《星島日報》）

獅子山下　東江水流

　　兩個多星期，因着修訂《逃犯條例》惹起的軒然大波，整個香港，不管贊成或反對的，事件的演變，都會令愛護香港、關心國家的大部分人感到鬱悶，特別是教育界，看到這麼多年輕人簇擁上街，當中有中學生，更讓人擔憂的，也有小學生參與遊行示威，都高舉「反送中」的旌旗。再明白一點，就是衝着反中，即反中國而來，為何如此？

　　從教育現場，不得不承認，當中的學校教育確實出了不少問題。今天的中小學生，必然是回歸之後出生。香港回歸，行的是「一國兩制」，一國是指中華人民共和國，咱們應直稱國家。平情論，國家對香港，確是多方幫忙，經濟支持不用論，就算政治，儘管未有走入西方全民直選的套路，但與英殖年代的「民主」相比，回歸後的直接民主選舉含量，是高於英國人給香港的，這是事實。直選議席增多，區議會委任制全面取消。有兩制之利的香港，既不用納稅於國家，卻得到中央政府不斷的讓利，CEPA 是明顯一例。最近，港人更獲得與內地居民幾乎等同的種種權利，卻又毋須付上義務。環顧全世界任何國家轄下地區，那有如香港般的優惠？

媒體新聞將事件無限放大

　　資訊發達，媒體擅將新聞無限放大，西方的自由主義，標榜媒體是第四權、是無冕皇帝，業內又深信不疑，於是，內地人權處理不好的個案，就會被無限上綱上線，出現在港人眼裏，自然加添不快，累積憎惡。但另一方面，國家改革開放取得的綜合成就，最重要是 13 億多人民，大抵能溫飽，餓死的絕無僅有，全面脫貧是可達到的目標，而小部分又的確富起來，且有壯大趨勢，這是舉世公認的政績。

　　作為引導學生成長，建構做人價值觀，培育新一代要做好市民、國民及公民的教師，實在有必要向學生賦以多方面的資訊，國家發展的順步與錯步，都要自己先掌握，然後作多元教學互動，絕不能作單邊立場的灌輸，這點專業操守十分重要。獅子山下，東江水流，內地與香港從來都是息息相關、密不可分，過去、現在與未來都如是。

（原刊於 2019 年 6 月 28 日《星島日報》）

大學校長要回應的問題

回歸前後，內地、台灣乃至世界東、西、南，北的很多地方，不少年青的人，或成年人都喜歡申請來香港各大學就讀，由學士到博士的課程都有。事實上，香港吸引之處是東西文化薈萃、言論自由、講學自由、出版自由，資訊及交通十分發達的國際城市，也是要了解中國很紮實的跳板，是發展大灣區的領航及中堅城市。特別對內地而言，過去一段很長的時間，莘莘學子，最優秀的，都會心甘情願放棄內地頂尖大學，南下求學，領受香港自由學風，融洽有序又肯讀書鑽研的校園文化。

很不幸的，近幾個月，香港的違法與暴力事件，愈演愈烈。語言的、網上的、肢體的、形形式式的傷人毀物，令人痛心的情景，陸續出現。同樣讓人難過的是，這股破壞浪潮，陸續席捲大學校園，有學生動輒塗污校園、有迫人罷課的、也有不准人到學校食堂用膳的，政治要表態，否則，對異見者隨意展開各樣的圍堵、謾罵、推撞，由講師到校長，陸續都經歷這些遭遇。

大學校園如斯亂象，究竟如何才返回大學教育正軌？各大學校長對一些問題不能迴避的，首先要回答的是，大學之道的引領方向的青燈在哪裏？是「明德格物」？是「博文約禮」？「篤信力行」？「勵學利民」……果如是的話，大學任何形式的、大小的

違法行為都不應容許；任何的暴力都不能接受，如證實施加暴力的，由語言到肢體，由個體到集體，由塗污到打砸，大學必會按校規章則，按權限作出追究。

香港教育史說明，由起初只有香港大學一所今天已有超過十所大學可頒授學位，校長們的地位是崇高的。因此，際此艱難時刻，兩肩應有承擔，有責任向全體師生提出大學之道，是學術自由、人格獨立，行為自律，尊師重道，追求仁愛至善，這些價值，校長必須領頭，全校同仁必須堅守。

而香港各大學從建校以至發展歷程，都與國家命運休戚相連，新亞、崇基、聯合書院合組成香港中文大學是最有力的證明。「香港心 中國情 世界觀」密不可分，大學教育必須帶領學生沿着這三合一方向，努力邁進，成就自己，照亮別人。

香港要再見黎明，大學教育是第一道的曙光。期望各校長能艱苦奮進，合力再造香港的大學校園文化以及優質的教育，這是香港及國家之福。

（原刊於 2019 年 10 月 22 日《星島日報》）

大學工程撥款的側寫

近日，政府分別去信立法會財委會及工務小組，先表示暫時撤回中大及港大兩項醫療工程項目，合共 2 億 5 千萬的撥款；再來的是，理工大學加強醫療培訓的教研大樓，以及擴建圖書館的撥款，涉及 17 億 5 千萬！因何如此？政府表示是有議員對兩個項目表示關注，加之，各所大學都有不同的嚴重損毀情況，政府有必要進一步整合資料，再送回立法會以待批核！

平情論，特區回歸 22 年，政府對教育的投資較殖民地年代是手寬得多，額外增加撥款項目與數額不少，任何有關教育的，當政府提交立法會進行審議及批核，議員們以「為民請命」及「代表民意」的尊貴身分，大小教育項目多會是順風順水地被通過；有巨額儲備，學校教育總是受惠的重要對象之一，愈文明並有遠見的城市或國家，教育優先的決定，總有不證自明的強大共識！

整個香港，輸家多的是

6 月以來，政治躁動一直在燃燒中，但政治立場先行，儼然是「香港思維模式」的前設，以及落地行動的唯一方向。當政府暫時撤回三所大學撥款，即被政治立場十分明顯的教師工會質疑，並責罵建制派議員不要將教育撥款，作政治籌碼之用。從教

育角度看，這是五十步笑百步，同是政治立場鮮明的泛民議員，在香港內傷半年裏，有否對任何的暴力違法行為，作出公正嚴明的、全面的譴責？藉此教導本性善良的學生嗎？抑或同樣是把教育用作政治籌碼，常常作出單面政治的依靠，目的在選票？說實在，政治狂飆，有權用上政治籌碼的，大家都在亂用！

再返教育現場，6月以來，由反修例引發的社會事件，整個香港，輸家多的是！從以學生成長為本，教學專業實踐的重要原則看，參與者不管秉持多大的理想，總不能走上暴力與違法之路。但令人傷心的是，不少大學生、中學生都高度介入，走上這條將被法庭定罪的不歸路！學生是未來社會建設的棟樑，特區政府教育撥款，當要全情投入，不可怠慢。但各個教育持份者，包括學校的校長、教師、家長，掌控輿論、帶領民情的媒體，乃至各尊貴的議員，責任又在哪裏！

政治立場先行，既無助於教育，更加有害於重建香港！

（原刊於 2019 年 12 月 19 日《星島日報》）

醫護作出威脅性罷工
是嚴重失德

　　新型冠狀病毒肺炎肆虐武漢，禍延全國乃至世界各地，香港未能倖免，究竟病毒從何而來？至今從醫學與科學角度看，還未有精準判斷。至於再要擴散多久，那就看大家如何同心協力，做好防疫與抗疫的工作。再惡毒的病毒最終總會得到有效的壓制，甚至消失。

　　每次瘟疫的來回往復，守着第一線，當是醫生、護理及相關人員；與染疫者一起與病毒拼搏的，也就是他們。長久以來，每逢疫症出現，香港的醫護人員發揮捨己的大愛精神，有眼可見，有耳可聞，沙士一役，充分驗證。猶記那年，沙士同樣侵襲台灣，美麗而富人情的寶島，就有醫護人員棄病人而集體逃亡的記錄。按醫護人員入行的誓章看，這是白衣的嚴重失德事件。使台灣的醫療史上，被畫上沉重的、業界不想提起的一筆。

救病扶危的初心

　　遇事見做人，更見專業修為，沙士疫情的香港，災情嚴重，未有封關，但醫護人員卻發揮高度的專業精神，在醫院內閉關與

沙士病毒搏鬥，拯救一個又一個染疫病人。謝婉雯醫生因而犧牲，是大愛精神發揚的顯例。事實上，與謝醫生有同樣的心志、同樣與染疫病人一起拼搏的，為數很多。可以說，香港醫護的大愛精神，永存獅子山下，教育現場上，不少優秀的中學生都以醫護學系為首志願。過去，筆者問想進入醫護學系的學生，原因何在？不同屆別的學生，都能述說同一年的沙士故事，滲出由衷的、難以言喻的一份尊敬，由此而來的一顆救病扶危的初心。

子鼠歲首，「肺炎」爆發，傳播甚廣，疫情嚴重，與 2020 年「沙士」相比，不相伯仲。當年醫護人員的奮鬥精神，筆者相信如今仍在大部分現職醫護人員的心裏，緊緊裝載。只是有小部分掛着醫護專業之名，卻以政治立場先行為實，提出讓社會各界、讓病患者及其家人憂心的罷工。從教育現場看，在疫情危難下，作出威脅性的罷工，是無情、無理又違反醫護專業的嚴重「失德」。「失德」對任何專業組織、行業的信譽、聲譽都是不可小覷的，是沉重的打擊。

（原刊於 2020 年 2 月 4 日《星島日報》）

《基本法》的情理法

　　英國已故首相邱吉爾曾說，當人們願意追索歷史愈長，往前要走的歪路就會愈短。這就是中外歷史學家所強調的，歷史的殷鑑、歷史的教訓，官民都應重視。文明的演進，一個社會、一個國家，愈真誠面對過去歷史，現在與未來的發展，着實腳步愈穩。

　　《基本法》是維繫「一國兩制」的小憲法，今年是公佈 30 周年，看點歷史，《基本法》的制定，確實賦予香港人在九七回歸後，於人權、民主、法治與自由等極大的保障。一國的敍述，中央政府的底線是簡單清楚：「香港特別行政區是中華人民共和國不可分離的部分」；「香港特別行政區立法機關制定的任何法律，均不得同本法相牴觸」。筆者認為，《基本法》實施 20 多年，香港人種種的權利確實得到最大的保障，從歷史看今天，擺事實，再用情理法的秤砣，用心秤秤，香港人的綜合民權、民主乃至民生福利，有哪一方面弱於英殖年代的呢？

　　《基本法》給港人在兩制最大的保障，自由、民主兩權，相互激勵，而最熱愛這兩權的，當是兩大可左右民意的族羣，一是媒體、另一是靠選票生存的議員。但過去十年八年，確實有刻意掩蓋《基本法》，只管西式兩權生香港兩制，不斷演繹，幾乎已成為香港的獨特，甚至醞釀危險萬分的獨立政治主張。這是輕忽歷

史、視《基本法》如無物的結果。

撥亂反正，珍惜香港，愛護國家

1997 年香港回歸祖國，1990 年《基本法》已公佈。在這之前，1898 年的《展拓香港界址專條》，英國要租貸九龍界限街以北，連整個新界，為期 99 年；再串連 1860 年《中英北京條約》巧奪的九龍半島及 1842 年《南京條約》強佔的香港島，英國人就這樣殖民統治香港超過一個半世紀，歲月漫長煙不消，殖民地的法律，人權、民主、自由受保障的範圍及力度有多大？港人可以用西方「普世價值」解釋法律嗎？能不尊重聯合王國（UK）嗎？

歷史引導思考，今天從情理法三面看，《基本法》言簡意賅，要讓年輕人了解，這 160 條的內容，既大力保障了港人種種權利，但也鏗鏘有力指出，一國的尊嚴與地位絕不能有任何毀傷。回歸 20 多年，撥亂反正，珍惜香港，愛護國家，教學專業的，當責無旁貸！

（原刊於 2020 年 4 月 29 日《星島日報》）

教育，過眼不雲煙

　　近日與海外、內地乃至本港的朋友閒聊，話語間，都離不開一個相同疑問。「香港教育究竟出了甚麼問題？自從 2014 年非法佔中，至去年社會的大動亂，這麼多學校的老師及學生，捲進政治鬥爭的亂局裏，不少更走進違法與暴力的行列中，原因在哪？」任職商界的朋友如此發問。

　　現在的香港，道理並非愈說愈明，而是怎樣的政治立場，就有超出道理層次的真理出來，很多時候，個人的政治見解，往往就幻化成建設美好社會的真理。

　　年輕人總會有階段性的激情激動，當反中反共的「理想」成為引爆助燃劑，奮不顧身、不顧後果，走上真實的違法暴力之路，最終不得不冷靜地承受法律制裁的苦果。從結果追索原因，花開覓緣，土壤肥料再加播種人的「功勞」少不得。曾幾何時，學生在聽老師極力推薦柏陽的《醜陋的中國人》、鍾祖康的《來生不做中國人》，卻未有任何提示給學生，書中的時代局限，以及留意作者的感情宣洩，遠高於事實的全部真相？同時，又不會推介錢穆先生、孫國棟先生們所談論的一國之民，要對國家歷史與文化有基本認識，並具溫情與敬意的作品，以為對衡！又曾幾何時，當看到有年輕立法會議員口喊「支那」，老師是保持中立，默

不作聲？抑或要嚴正追究，這是對無數軍民於抗日戰爭以血肉犧牲，一種冷血的侮辱！老師又有沒有譴責？今天仍恬不知恥，敢高喊「支那」的，就是公然不但是對中國，更且對全世界同宗同族同血緣的華人，作出公然的挑釁！

訂立《港區國安法》，是應有之義

今天，因着近年來，香港的動亂分子尋釁生事，日趨猖獗，且明顯有外來勢力的高度介入，因而令中央人民政府不得不從香港及國家安全着眼，訂立《港區國家安全法》，這是應有之義，站在國際標準而言，亦是有國皆然，任何一個有國有家的文明之地，都有《國安法》的訂立，道理簡單易明。作為一國兩制下的學界各持份者，特別是教師們，更有一種責任用平常心，直接向學生簡單說明：英美紐加澳、德法荷日韓等國的《國安法》，早已覆蓋國家所屬的任何一寸土地了。若然又以「中立」論，更甚是「恐懼加陰謀」論解說《國安法》的話，學生必再陷於違法的陷阱裏。

教育，是過眼不雲煙，是有後果的。

（原刊於 2020 年 8 月 5 日《星島日報》）

亂世讓無情生根

香港，除日本侵華禍及之外，由殖民地的 150 多年，到九七回歸後 20 多年，獅子山下，維港兩岸，都屬於太平之世。大家胼手胝足，努力建設，這東方之珠凝聚的能量，閃爍耀目。自由、開放、友善，東西相容。默默無聲，似輕還重的教育，發達之處，國際評分頗高，政府資助的大學，排名入世界前列的，小小香港，是不成比例的高。教育現場知道，中小學造就人才之多，就是鞏固大學國際排名的根本。

很長的時間，這裏既是中國向外視窗，是吸引外人落腳之地，歸根究柢，香港的成功，是長期免於戰亂，離開政治鬥爭，最要緊是處於和平的順流之中，獅子山下的居民，有可以奮鬥建設之地。事實上，戰亂與政爭合流，就會病毒叢生，造成真正亂世。香港本是福地，絕大部分的歷史時段，都與亂世絕緣。但不知何故、何時，政客啟釁，以「生於亂世，有一種責任」，語不驚人死不休地挑動羣眾，特別吸引處於激情的、不滿現狀的，又要尋覓自我及理想的年輕人跟隨，認定今天是亂世，必然要負上責任而後快。

不少師生都要跟上亂世之風

世界歷史上亂世的出現，首先面對的是生靈塗炭，愈亂，大眾受傷程度愈廣愈深。家破人亡，見慣不怪，無法無情，蒼天無語。要禍不及身，保護個人安全必然先於為他人設想，能讓自己有生存的空間，劃破道德底線都在所不惜。14 年抗日苦難戰爭中，前有溥儀的日本偽滿傀儡，後有汪精衛的南京偽政府成立，嚴重分化、削弱本已難堪的國共聯合抗日力量。毫無疑問，偽滿、偽南京政府是亂世之中，兩股無情的力量。

返回今天的香港，回顧去年 6 月開始的社會，幾乎整整一年，由政客大力塗寫與不停渲染的「亂世」應驗成真，港人做夢也想不到的大動亂，是逼着眼球而來，大街小巷公物被破壞，打砸燒頻繁已不是新聞，「私了」常常，更恐怖的「火了」竟然出現。大中小學的校園亦不能置身亂世以外，不少師生都要跟上亂世之風，播種仇恨。如此由美國人稱頌的一道風景線，卻是讓香港欲哭無淚，又人人走入自危的恐懼之中。一年以來，社會發生的、驗證政客製造的「亂世」，既不會有任何一種的責任承擔，倒是對香港造成最無情的傷害。

（原刊於 2020 年 10 月 21 日《星島日報》）

研討會上的真、善、美

上周六，由教育評議會、教育大學，灼見名家傳媒合辦，20多個教育及辦學團體協辦，題為「承先啟後 25 年 —— 人文精神與科學創新教育」研討會。幾經等待，過了社會事件大橋後，又歷經疫情緊張，再望天氣風雲要穩定，終於在九龍塘達之路的創新中心舉行。

礙於要遵守防疫規例，研討會只能安排極少量的現場參與者，並作網上直播。三位主禮主講嘉賓為中聯辦副主任、中國科學院譚鐵牛院士，教育局楊潤雄局長及教育大學張仁良校長。譚院士以 AI 專家學者，圖文並茂說明，人工智能經歷 60 多年的變革，已取得系列的突破，未來，AI 必然會掀起新一輪教育革命；楊局長提出未來教育必然要推動科技，但鄭重說明推動科技教育的主體是人，培養正面價值觀及人文素質顯然重要；張仁良校長以教大的實績演繹，創新教育與科技應用，要以人文價值為載體，讓學生對學習產生興趣最重要。另一位講者，是聯合國教科文組織課程規劃專家汪利兵教授，通過視頻分享對 2030 年，即未來十年世界教育發展的路向，價值教育的有效推動，就是其中的關鍵。

教育就是真與善永無休止的對話

　　大會亦安排幾位年輕人，就主題闡述個人看法。香港教育培育的尖子生，現攻讀史丹福大學博士課程的盧安廸，以「人腦與電腦互補」為講題，點出電腦依賴數據建立規模，但人腦通過自省得出靈感，能掌握小優與大局。自由學園創辦人陳曉慧，演繹如何實踐自由學習，創出亞洲價值教育之路；教大年輕英語教師葉慧儀，談及網上教學的心法；中大工程學系人工智能課程二年級生曾浩一，解釋為何對 AI 及對大灣區發展情有獨鍾，充滿信心。每人都能就自己所學所好，作出情理兼備的精采演講，教人信服。相信，有現場收看或稍後作足本重溫的，必定同意筆者提出「青出於藍」的一句話，亦會悠然而生，對香港的未來，充滿難以言喻的期盼！

　　如果說，人文精神稱「善」、科學創新表「真」，教育就是真與善永無休止的對話、融和，達至「美」的境界。

（原刊於 2020 年 11 月 11 日《星島日報》）

89

每天晚上〈遇見你〉

一國兩制，五十年不變。前 23 年的香港特區，學校教育、社會生活，都朝着兩制方向往前走，愈走愈忘記一國要在心頭。沒有一國牽頭，兩制是氣喘難熬，更甚會走向盡頭。這是政治不能抗拒的現實，也是文化、同宗同族、血濃於水，不可錯亂的源流。

記掛一國，當是尋知求知國家發展的種種。獅子山下，尋常百家，萬家燈火，究有多少人願意在閒餘時間，扭開電視、翻閱手機，看看內地的中央電視台（CCTV）各台不同的節目，從文娛、教育及新聞等多角度，增加對一國綜合的認知與了解？到目前為止，絕大部分學生當不會看，教師也是絕大多數與學生一樣，不去看，更遑論共同思考一國的過去與未來。

真真正正的遮風擋雨之地

但用情理看事實，由 CCTV 製作的文教節目，高水準之作不少，如 100 集的〈中國通史〉，集集都是內容豐富、用心用力，高水準之作，甚具觀賞價值，亦是用作教材的上品。近年，筆者也有收看中央電視台新聞頻道的習慣，養成習慣自有箇中原因。中央電視新聞十三台，每晚 11 時播出的一小時新聞報道，當中

有一特定環節名為〈遇見你〉，內容主要是搜羅全國感人的、勵志的、發放正能量的真實故事，人物個性鮮明，每天晚上都「遇見你」。

上周六〈遇見你〉的故事，說的是一位天生左手殘缺的女孩，正在唸高小，學業成績是班級前三名，對校內校外各項學習活動都是積極、充滿自信，「別人做到的，我都做到；別人做不到的，我也會做到」，充滿陽光、喜樂、自信的熊婉晴向記者表述，再說：「我不管一些人的歧視眼光，最重要是強大自己心裏的力量。」在家裏，婉晴孝順父母，愛護並照顧妹妹，小節見真情，「我姊姊是全世界最好的」，童言心語，這是妹妹心中的婉晴。志願當醫生的婉晴，不日要面對升中的更大挑戰。每天騎電單車送婉晴返校的母親，已辭掉工作，專心陪伴婉晴兩姊妹。

婉晴的故事要好好續寫下去，家庭支援顯然重要，這是婉晴真真正正的遮風擋雨之地，強大心力的發源地。婉晴遇見她的父母，是她一生最大的幸福。也期望某年某月，在某所醫院裏，能遇見熊婉晴醫生。

（原刊於 2020 年 12 月 9 日《星島日報》）

「三國」教育的實踐

2020 年一場突如其來的世紀疫情，席捲全球，醫藥與科技無疑是對「疫」境的發現、治療、預防的最關鍵。國史教育中心（香港）的專家學者遂以「科教興國，經世濟民」為題，推舉五位歷史人物為候選人，角逐今年的「年度中國歷史人物選舉」，當中包括東漢的張衡（天文）、南北朝的祖沖之（數學）、北宋的沈括（曆法）、元朝的郭守敬（水利）及明朝的李時珍（醫藥）。特別要一提的是，五位候選人都是文理通才、學有專精之士，為專家學者組成的選舉團所鍾愛之外，亦獲對中國有深度研究的國際專家學者，給予崇高的評價。

歷史人物選舉於 11 月上旬開展，為期兩周，讓全港師生投票，因着學校老師及眾多教育團體、教育局，以及連本報在內的部分媒體的支持，實體與網上投票均十分踴躍，經過獨立機構統計後，參與學校數目為 261 所，總有效票數為 54,630 票，與去年相比，學校數目與投票總數的升幅，都超過一倍，投票結果顯然具廣泛代表性。教育局常任秘書長李美嫦太平紳士揭曉最終結果，李時珍獲得逾半票數的 32,000 多票，膺選第三屆「年度中國歷史人物」，結果讓主辦及各支持單位感到欣喜！對歷史教學也帶來特別的思考，那就是採取以人物傳記的方式，推動中國歷史

的互動學習，是學生所喜愛。荀子〈勸學篇〉的一句話：「學莫便乎近其人」，更發人深省！

香港教學專業前路，有必要重新思考

一國兩制，上半場時段快將落幕。但從一國與兩制是連體不能切割的前提看，過去 23 年，香港學校的政策規劃、課程考評設定、校內外的教育推動，對如何認識一國是兩制的磐石、如何認識國史（中國歷史）、國學（中華文化）及國情（國家與香港連體所處的內外情勢發展），確實都掉以輕心。展望回歸後過渡期，香港教學專業前路，有必要重新思考、部署落實「三國」的教育。

甚囂塵上的「中國時刻」是人言人殊，但唯有扣緊對中國歷史的認識，並與現實情況結合，上下求索，在事實前面，將中華民族自信而不自大的線索找出來。在教師培訓的專注上，「三國」知、情、意、行的教師教育，教育局是責無旁貸，務必與教師同行，給予最大的支援。這對眾多學生的民族、文化、身分與國家認同，將起關鍵作用。

（原刊於 2020 年 12 月 23 日《星島日報》）

國史　國學　國情　愛國

　　歷史不老，2021 年的今天，國際形勢仍是風雲亂舞，毫不精彩，卻十分緊張。際此時刻，全國政協副主席、國務院港澳事務辦公室主任夏寶龍（以下以夏簡稱之）出席全國港澳研究會主辦之專題研討會，就全面落實「愛國者治港」原則，推進「一國兩制」的實踐，發表講話！以夏的位置與角色的份量之重，公開發言，當可被視為公開代表中央政府的立場，並由此將會引進對香港特區的施政措施，這是十分重要的提示！夏的講話篇幅頗長，但概言之，就是從一國兩制俯瞰，對「愛國」的演繹！從教學現場看，沒有無緣無故的愛，亦沒有無緣無故的恨，事出有因，撇除主觀，歷史的錯判或刻意遺漏，愛恨交錯，焦點移位，一子錯，滿盤皆落索！

　　梳理從前，把握現在，前瞻未來。2021 年是讓中國廣大老百姓思潮起伏的一年。一百二十年前，經已是身經大、小百戰，每戰幾乎必敗，只有割地賠款，才能苟延殘喘，無奈自處的滿清政府，被迫簽下國人扼腕憤慨的辛丑條約，八國聯軍侵華，橫侵暴奪，受害國的每一老百姓，竟然都要賠一兩銀子的罪責，加起來便是 4 億 5 千萬兩，人人當受懲罰，考試也要停三年，叩頭謝罪免不了，這是全民傷痛。一百年前，經歷「五四」全民愛國運

動的錘煉，中國共產黨因勢成立，這是滿有熱忱、理想的十三人政黨，該黨的崎嶇艱苦發展，確實為其時的國人帶來曙光與盼望，不少貧苦大眾、知識分子以及熱血年青人自願跟隨。

再說辛丑條約，屈辱與苦難不是結束，而是更大的屈辱與苦難的開始，1931 年九一八事變，東北被日寇淪陷到 1945 年，抗日慘勝，身經百戰的中國，人命與財物的損失是天文數字，無法計量，民生、教育的建設嚴重落後、停滯也無法盤算。

1945 年抗日戰爭結束，旋即又是國共內戰，1949 年新中國宣佈成立。中國人民從此站起來，卻又要繼續付上沉重代價，對付美國及西方列強的聯軍，中國面對朝鮮戰爭，傷亡不少。一直下來，中國仍須面對周邊的蘇聯（今天的俄國）、印度、越南等國的挑釁，引發起局部戰爭。

擺事實，講道理，說感受，共產黨執政的新中國於內政上，確實有路線上、施政上的嚴重錯誤，三面紅旗，為期頗長的階級鬥爭，反文化的文化大革命等，帶來國民的傷痛，歷史上有清楚的說明。但 70 年代後期，四人幫倒台，鄧小平掌握軍政大權後，吸取歷史上的教訓，啟動全方位的改革開放。

內外起跌無數的共產黨，繼續執政的中國，急起直追，必須要有全方位的多方建設，方能保衛幅員廣濶的國土，以及養活 14 億的龐大人口。四十年家國，由一窮二白、受列強魚肉，到今天國防自立、自強，更重要的，民生有機會步入小康之局，遠高於吃飽穿暖的層次！更必須要提的是，中國近年對國際承擔的義務，量與質都得到多方實據的證明，金錢與人才投入聯合國、世衛、氣候環保等國際組織，是實實在在！今天，美國及西方列

強，在中國實步走上中華民族自主自強的道路上，硬說中國會威脅全球安全、硬說要阻截中國的發展。如此荒謬的自私自利的結論，歸根到底，這般的小心眼，並未有從大的歷史視野看，近代「身經百戰」而又幾乎亡種滅國的中華民族，是如何飽受侵略之痛，火鳳凰的走出來。

堅守民族自主自強路線，靈活多變，想必是中國改革開放的大關節，這也是連港人在內的全國同胞，愛國的最重要的原因，而主權回歸中國，就在中國改革開放的大潮下，更為得益，筆者留意，夏的公開發言中，特別提及要堅持「愛國者治港」，並謂這是「港人治港」的最低標準，是基本的政治倫理，天經地義，心清理正看，此話並無不妥，有國皆然！但與此同時，夏亦提及絕不搞「清一色」，理解和包容有些人不理解國家，這樣筆者想到改革開放及一國兩制的原創者鄧小平的說話：「港人治港有個界線和標準，就是必須以愛國者為主體的港人治理香港」，歷史在演進中，鄧小平的「以愛國者為主體的港人治理香港」到夏所說的絕不搞「清一色」是前後呼應的，是真正面對一國兩制！筆者亦念及錢穆先生所言：「一國之民，深愛國家，先要基本了解國家的歷史」，這是前設！確實，只空喊口號，將愛國升溫，功利就同步高漲，於愛國愛民族愛文化，無甚裨益！最後，以「國史、國學、國情、愛國」的分組詞連體作結！願毋忘初心，愛國永續！

（原刊於 2021 年 2 月 27 日《信報》）

中美相會篇

築圍牆與建大牆

　　人類懂得築牆與建橋，起源很早，哪年哪月有第一道牆、第一道橋，是無法追尋的了。但牆與橋背後代表的作用、價值與意義是大有不同，卻是可以肯定的。

　　咱們國家的築牆與建橋技術都在世界前列，既早熟亦成熟。秦皇漢祖唐宗宋祖元帝明室，都有修建長城的經歷，分別只是體積、面積多少與大小，時間的長短。長城要的牆是闊、高、深。城牆內外，分隔你我，牆內的文化、文明程度高，牆外面則是蠻夷荒地，必須拒於牆外，免受雜染之禍，自身安全受到侵蝕。歐洲中古封建社會，雖未見如中國的「牆城」萬里，亦見牆闊高深，城堡處處，城堡內的封建主，同樣高傲權大，文明文化，唯我獨尊。超越時空，俯瞰大小牆城，保守而不開放，排外而不多元，是牆城衍生的明顯個性，當然窒礙牆城內外的互動交往，夜郎自大的情況會愈來愈多。

中國改革開放　美國封鎖敵國

　　走入近代，越洋船艦，大炮飛機相繼發明，牆城保護作用急遽下降，幾等於零，中國作為牆城最大最厚最高的國家，飽受「文明」炮火洗禮，最切身體會依賴牆城鎖國之苦。歷史殷鑑，下定

決心，中國終於走上改革開放之路，牆不再築起了，跨山越海的大橋卻一道一道建起來，最為港人熟悉的當是港珠澳跨海大橋，這裏可看到中國建橋的世界級技術，科學科技與人文精神的共冶一爐，不但是象徵要營建大灣區的決心標誌，亦向全世界再公佈，由內而外的改革開放精神，中國將是堅定不移，一直前進。

但另一邊廂，近 100 多年，極力走進世界的美國，一直奉行自由、開放，勇於面對挑戰，終究獲得最大利益，成為世界的最強國。近來卻逆向行走，往保守洞穴倒頭插，最具實證的行動，當是特朗普不理會代表民意的國會反對，簽署法令行使總統特權，動用 80 億美元，於美國與墨西哥邊界之間，築起長長的圍牆，牆內的美國是光明一片，牆外的墨西哥人民，都是黑暗販毒，無藥可救。實情是否這樣，大家心裏有數。

世局離奇弔詭，今天是築圍牆的美國與建大橋的中國對壘，竟然？

（原刊於 2019 年 2 月 22 日《星島日報》）

中美貿易戰　學校教育課題

　　美國總統特朗普上台前，中國綜合國力的遞進，其實已引起前總統奧巴馬公開揶揄的了，曾警告中國不要顯示肌肉。美國自20世紀起，因緣際會，練就一身好武功，榮登世界最大的「大隻佬」，文雅一點叫「世界先生」，且獨霸全球。這已構成美國國策；軍事強、經濟弱的前蘇聯，就要解體。經濟強、軍事只能當美國傀儡的日本，也不能較美國富有，否則，有違美國國家安全。如此美國價值，男女超人只能是美國製造。

　　如今，中國浴火重生，經過一輪痛苦的練身，在經濟上，以及軍力上脫離貧瘦，肌肉又長得有點厚實，這與美國傳統國策的賺錢獨贏思維，以及永遠的美國超人神級位置，明顯是犯忌。於是，今天共和黨的市儈商人特朗普，接觸執行美國家法，手起刀落，招招針對中國。看得出，是狠毒無比。

美國的霸道

　　封殺中國民間企業華為，並將大批相關公司，列作黑名單，又對中國進口美國的貨物大添關稅……一切加諸中國的，實實在在都完全違返國際文明規範，美國封殺加害中國的理由，說的是，中國的華為產品危害美國國家安全，但卻自始至終，都不能

列舉華為產品危害美國的任何實質證據；特朗普又力指中國近年賺取與竊取美國以億計的金錢，更是毫無證據的指摘。事實上，特朗普愈多出師無名對中國系列式的制裁，愈是證明美國的霸道！

從已發生並有實證歷史看，哪個國家滿是干預別國內政，以至危害別國的安全？看伊拉克、利比亞、埃及、中東諸國、菲律賓、柬埔寨、越南、南北韓、委內瑞拉……乃至咱們的中國，誰都經歷美國不同程度的或干預、或危害。媒體日日報道的中美貿易戰，究竟誰開了第一槍後，還繼續開第二槍、第三槍？但須知道，美國對華日甚一日的貿易霸凌，中國還是以「貿易摩擦」稱之，野蠻與文明已有分界。

由公民及國民教育角度出發，香港學校教師有必要從事實出發，公公道道地向學生說個明白，以證公義、公平、公正的價值觀。

（原刊於 2019 年 5 月 24 日《星島日報》）

中國就是這樣

天涯咫尺，光纖傳遞秒速。友人從遠方傳來，一齣於 1944 年由美國人拍攝，簡介中國的紀錄短片。那時候，中國還在水深火熱、生靈受害於抗日戰爭中。該紀錄片裏頭有這樣的旁白：

中國是甚麼？是歷史悠久，是土地廣闊，是人口眾多。中國有近 5,000 年的歷史，如今繼續，這是世界上歷史久遠的國家。哥倫布發現美洲新大陸要到西元 1492 年，羅馬帝國早在西元 476 年已滅亡，更遠古的埃及金字塔歷史也不超越 4,500 年，都不及中國具有近五千且有文字記載悠久的歷史。

中國有三條主要大河，北邊的黃河，常有水災氾濫；最長的長江在中部，沿江的土地肥沃，物產富饒；南部是珠江，經廣東省，流入香港出海。中國土地廣大荒涼卻資源豐富，戈壁沙漠兩倍於美國德州高原。中國人着重藝術、學習與文明，有很多發明，羅盤、指南針、天文預測、精緻瓷器等，都是人類史上偉大的成就。特別要提出，中國人發明火藥，但並非用於戰爭之上，而是用於喜慶節日燃放的煙火裏。近代史證明，中國人是熱愛和平，從未有出兵侵略其他國家。西元前幾百年的哲學家孔子已清楚說出「己所不欲、勿施於人」，中國人就是這樣！

美國日以繼夜妖魔化中國

上述是美國人於 70 多年前的拍攝製作，當時已在美、英等國家有電視的家中播放。今日，舊片新看，過去與現在的對話，基本上是符合史實。這與近年美國的政客、美國的各地食客，以及親美的媒體們，同心捏造的「事實」，日以繼夜妖魔化中國。70 多年彈指過，一個中國，隔着時空的兩種論述比較，誰真誰假，誰清誰俗，青燈可照。

香港是崇洋重西愛美的社會，於今尤烈，哪些在香港高舉美國國旗的、大罵中國的，有無從川流不息的歷史長河裏，公公道道看「一國兩制」下的、今天的中國？

（原刊於 2019 年 11 月 7 日《星島日報》）

今天看《中美望廈條約》

歷史在紀錄，在不斷說話，也讓人思索未來。

今天的美國總統特朗普提高嗓子，公開說要制裁距美千里以外的香港，原因是中國要訂立《港區國家安全法》云云。歷史看，美國沒有國家安全法嗎？有了國家安全法後，美國就沒有民主與自由嗎？就喪失了行聯邦制的美國嗎？為何中國在自己所屬的香港特別行政區，實施國家安全法就會由一國兩制變成一國一制？就會十惡不赦？最荒誕的就是要懲罰香港，情理法何在？

日光之下無新事，看看 1844 年美國藉着清政府新敗於英國，由其代表顧盛（Caleb Cushing）與時任兩廣總督耆英，於澳門望廈簽訂《中美五口通商章程》以及《海關稅則》，簡稱《望廈條約》。條約共 34 款，概分四部分，將之拆解，條條是侵略，卻不見血刃。先是，訂明協定關稅：倘若中國日後改變稅率，須與美國領事官議，自此，中國關稅不能自主；然後，是擴大領事裁判權：中國境內，中、美兩國國民有訴訟，美國自行在領事館內審訊美國國民。即是說，美國可明正言順取得治外法權；再來，侵犯中國領海權，條約內指出，美方船隻可隨意到中國港口作「巡查貿易」，中國自此亦沒有甚麼海防可言；最後是，《望廈條約》訂明 12 年修約，並規定美國享有最惠國待遇，清政府給予任

何國家的任何優惠，美國都要一體均沾。

一條《望廈條約》，就將我國的關稅自主權、領海權都拿走；治外法權、在中國土地上播種，這是清清楚楚的主權淪喪。

特別要再說明的是，《望廈條約》規定要 12 年修約，英美一家，英國可援引，1842 年的中英《南京條約》簽訂後至 1856 年，英國硬要清朝再談續約，步步進迫的結果，終於將政治發酵，將之演變成英法聯軍，最後操進北京，火燒圓明園，簽訂《中英北京條約》、《中法北京條約》，例牌是割地、賠款，加開商埠。這是第二次鴉片戰爭的結果！英法收穫豐厚，追尋起源，不能不記《望廈條約》一個「功勞」。

歷史上，美國加於中國的，從來都未有公道與公義，打壓與利用相隨而已。今天的美國白宮的政客們，口口聲聲說幫香港、左制右裁中國，於情於理於法，行得通嗎？恐怕這也只能騙到一些激情莫名的年青人，絕不能跳過鐵證如山的歷史。再說，今天的中國，與越戰、韓戰乃至 1844 年《望廈條約》年代的清政府相比，中國綜合國力有分別嗎？

（原刊於 2020 年 6 月 2 日《星島日報》）

必須對美國欺凌全真版說不

　　學校教育，品先於學，守法、尊重、和平、友愛等價值教育必須先行。不然，考試成績就算再好，自以為是，自抬身價，神就是我，不合己意就視作魔鬼，要除之而後快，學校校長及教師漠視欺凌「文化」的禍害。久而久之，形成危險品教育圈，圈裏自然而然，自由地囤積爆炸品而不自覺。

　　破壞善良、守法、和平、尊重等價值的，當是欺凌（內地及台灣稱霸凌），欺凌本質是恃強凌弱，以語言或暴力頻繁地加於受欺凌者，一般在暗角進行，縱容之下，亦會完全在光天化日下，無法也無天，赤裸裸地進行。

　　當被欺凌者採取啞忍應對，欺凌行為的力度就升溫、面積就加大，形成難以撲滅的欺凌「文化」，這「文化」毒性甚大。於社會而言，黑社會就這樣形成。擴而充之，於國家而言，就是法西斯侵略主義國家的興起，別國的土地、財產當可任意掠奪，最嚴重及恐怖的種族清洗，視人命如草芥踐踏殘害，都會出現。

　　教育，是影響孩子的抉擇、面對未來。因此，任何的學校教育對任何個人的、社會的，乃至國家層面任何形式的欺凌行為，都必須說不，必須是「零容忍」，必須要通過教育渠道，用各種方法，向學生說清楚、講明白。這也是辦校與教學，以學生成長為

本的基本價值。

特朗普及蓬佩奧視選票如血

　　近年，美國先向中國挑起貿易戰，處處進逼，完全脫離國際常規，也視法律如無物，逼害華為等企業，無孔不入。美國總統大選臨近，謊話講得出神入化的特朗普及蓬佩奧，視選票如血，內政的一切弊案，如疫情處理不力引發的災難，甩鍋給中國，連社交媒體 TikTok 都不放過，公然敲詐勒索；《國安法》如麻的美國，竟公然要制裁負責《港區國安法》的中國及香港官員及其直系親屬，連通訊及住所私隱也被公開，無理及橫蠻至極。作為教學專業一員，必須站穩公義原則，向學生述說美國欺凌的全真版，直斥橫行霸道是傷天兼害理，不能吞吞吐吐、顧左右而言他！

（原刊於 2020 年 8 月 12 日《星島日報》）

這裏不是美神國

地老天荒，人類現世，世局都不停在變，但究竟是愈變愈好，抑或是愈變愈壞？科學技術不斷更新突破，已可任意穿梭太空，但科學始終無法看透人心，因此，教學專業傳承，前提必須要德育為先。古今為學，「格物」當會促進物質生活的改善，但必有「明德」在前。世界變好變壞，視乎國家、社會、學校、家庭、各教育領域的匯流，是否嚴守「明德」底線。良善、和平、友愛、尊重等核心價值，能否堂堂溪水出前村，迸流四方，涵養人性。這是支撐世局大變的最重要價值，是世局穩定，向前發展，不至滅頂的關鍵。

今天人類最強的美國，掌握世界的科學與技術，卻是愈變愈離「恆常」的種種善良價值，不做盟主，硬要做捨我其誰，操控一切，包括軍事、法律，乃至「文明價值」，順地上的「神」可生，逆者必亡的霸主。這個世上獨有的霸主，可稱之為「美神」。「美神」四處耀武揚威，自第二次大戰後，更四處干預別國內政，甚或不惜狂轟濫炸，毀人家園而不止。可以說，近 80 年來，年年月月都有或大或小的戰爭，人命傷亡，不少都由好戰成性的「美神」按鈕發動的。

錯得心甘情願

「美神」行的民主選舉制度，必是世界上唯一至聖至善的政治制度，四年前選出一個公然大話連篇，逐一脫離環保、限武的國際組織的總統，行為沒有最乖離，只有更乖離，應對世紀新冠疫症的方法，是視人民生命如草芥，是甩鍋給對疫情處理最有力的中國。發展科技的方法，是不惜一切，罔顧國際法律常規地，用霸凌方式，攻擊、掠奪人家科研的各類成果。

美神國的偉大民主選舉正密鑼緊鼓進行，究竟誰當選，對要膜拜的，甘心情願依附的，哪怕視「明德」如無物，可輕啟戰釁的，都會額手稱慶，因為，美神國的民主聖論，美式民主制度就算選錯，最終是錯得心甘情願，這是自由的選擇、自由的代價。但教育現場必須先補一句：痛苦就要整個社會去承擔。

去年香港，發生讓人慘不忍睹的亂象，至今不少蒙蒙混混，因違法被捕定罪的青少年，從結果追尋原因，同樣「錯得心甘情願」的定論能說出來嗎？特別是鼓吹「暴力有時可解決問題」、「坐牢讓人生更精采」的「維法者」。筆者再補一句，這裏不是「美神國」！

(原刊於 2020 年 10 月 14 日《星島日報》)

同一天空下

當今世界綜合國力，特別是大殺傷力武器庫存最多、軍事力量最強的美國，新任總統拜登經已上任，新國策一點也不新，理念說要美國團結，要尋回美國的靈魂。團結與靈魂的再結合，當中最重要的目的，就是要繼續全方位制裁中國。先定性這是最強的競爭對手，再塗上邪惡的色彩，是破壞世界秩序及普世價值，會削弱、傷害美國根本利益的中國。因此，必須進行圍堵、孤立，繼而打擊，致使中國完全不團結，完全喪失與美國的競爭力。

同一天空下，中國發展的真實圖像又是怎樣？改革開放逾40 年，14 億人口基本脫貧，大部分老百姓是吃飽穿暖，這是人類歷史上罕有；科學、科技及經濟活動，苦苦相尋，發揮愚公精神。萬家燈火，點旺奮鬥出來的幸福，全國上下，大抵都明白改革是不走回頭路的了，封閉是絕路一條，地球只有一個，人類命運共同體的概念，早已陸續落實到各項科研、各類民生項目之上。

歷史軌道，滿載情義。改革開放的中國，早已開放給世界，並盡力發放正能量，貢獻一國之力，促進世界發展。2010 年上海舉辦世界博覽會，期間，筆者先後三次有份帶領學生，分年級逐批由港赴滬看世博，期望讓更多學生通過實地觀看，用心感受，「香港、中國與世界」連體的真實故事。

十年已去，國際形勢卻是波譎詭異，危機四伏。存乎美國是否再一意孤行。記憶猶新，上海世博會的吉祥物「海寶」，設計理念充滿多元美好的價值。海寶的藍色，是包容、想像與希望；頭髮以翻捲的海浪突出，彰顯具個性的特徵；卡通臉部表情，是友好與自信的連體；圓圓的大眼睛，是對未來城市的期待；拳頭舉起大拇指，是對全世界友人的讚許與迎迓；大腳板，表示中國願意辦好世博，也有決心辦好世博。整個吉祥物以「人」字出列，更清楚表達，只有全世界的「人」相互支持、相互欣賞，才能和諧共處，創造更美好的中國。

過去如是，於今亦然。筆者深信，未來十年乃至更長的時期，曾經受列強大傷害的中國，必然會走和平發展、利己利人之路。這是中國歷史、文化與文明的證明，也是未來深沉的、熱切的呼喚。同一天空下的美國及其盟友，於無情無理謾罵之前，有認真閱讀並讀懂中國嗎？

（原刊於 2021 年 2 月 10 日《星島日報》）

身經百戰

歷史上，很多盛極一時、獨霸一方的國家，千百年，歲月輕，曇花過，終消失無形，只能留下輝煌珍貴外殼，予人憑弔。滅亡的伏因就在最強最霸之時；相反，多難熬過，憶苦思甜，興邦有日。中華多元民族成邦成國，歷刧兄弟在，文化韌帶緊繫不斷。唐宋元明清在，生生不息。

19 世紀中葉，西方列強積累軍事科學科技及商品生產飆升的力量，在不平等之下，硬要東方國家接受，橫侵直奪，東方大國即中國，受到的侵害最大，自 1840 年鴉片戰爭，直至 1900 年西方列強加日本，聯合對付中國的八國聯軍止。超過半個世紀，中國是身經百戰的國家，總的是，場場敗北，只能割地賠款才能自容。

120 年前，即 1901 年辛丑條約，就是「身經百戰」的中國，被逼簽署最屈辱的條約。本是受害者的 4 億 5 千萬中國老百姓，竟然都要為列強的侵略奉上銀子一兩的「罪責」，情理難容，莫甚於此。但苦難不是結束，而是更大苦難的開始，1931 年九一八事變，東北被日寇淪陷到 1945 年抗日慘勝，身經百戰的中國，人命與財物的損失是天文數字，無法計量，民生、教育的建設嚴重落後、滯後也無法盤算。

飽受侵略　浴火重生

1945 年抗日戰爭結束，旋即又是國共內戰，1949 年新中國宣佈成立。中國人民從此站起來，卻又要付上沉重代價，對付美國及西方列強的聯軍，中國又要面對朝鮮戰爭，傷亡不少。一直下來，中國仍須面對周邊的蘇聯（今天的俄國）、印度、越南等國的挑釁，發起的局部戰爭。

既要「身經百戰」，亦要多方建設，方能保衛幅員廣闊的國土，以及養活 14 億的龐大人口。今天，美國及西方列強，在中國實步走上中華民族自主自強的道路上，硬說中國會威脅全球安全，硬說要阻截中國的發展。如此荒謬的結論，歸根到底，並未有從大的歷史視野看，近代「身經百戰」而又幾乎亡種滅國的中華民族，是如何飽受侵略之痛，火鳳凰的走出來。

「人不犯中國，中國是絕對不會犯人的」，因為身經百戰的中國，歷史清楚告訴我們，戰爭是害人頂透的，侵略戰爭的下場必然是害人害己，被歷史淹沒，永不抬頭，最終走上滅亡之路。不要忘記，兩次的世界大戰發動的國家，都在西方，這是鐵證。

（原刊於 2021 年 2 月 24 日《星島日報》）

美國最大最惡，教育最不正確

　　香港，由夏入秋、冬亦快來，政治狂飆烽火未熄。美國是火上加油，參、眾兩院通過《香港人權與民主法案》，政治決定，拉幫結派，親疏有別，向來都不民主、不人權也不平等，亦難有公義。美國先趁中國的香港特區仍然還在亂，一面倒兩院要緊急通過的法案，當然，法案的動議要自圓其說，既要符合美國的核心價值，亦讓親近美國價值的大、小友邦，親知舊羽，都一體均沾。

　　但要問甚麼是美國價值？民主自由就是嗎？這民主自由是貨真價實？以至香港近月「光復與革命」暴烈爭持中，多個流血場合中，天天美國旗高舉，日日精神活水湧湧而來，這就是人權與民主的崇高價值？假設有一天在美國紐約，有人高舉中國國旗，大喊光復紐約，時代革命，這是否符合美國價值的人權、民主，自由？中國又能通過《紐約人權與民主法案》？這是教育現場上，用淳樸的同理心提出的責問！

　　今天美英的人權與民主，仍有歷史可追尋。先說，近代西方列強爭霸，誰主導世界？挾着強大的軍事力量，並由此包庇產生的經濟力量，再而羽翼起飛的文化、宗教的價值滲透，早已是誰大誰正確的了。18、19世紀，當數大不列顛聯合王國，簡單直接稱謂，就是英國。其時，英國殖民全世界，香港亦成為囊中物。

這為英國本土創造各項莫大的利益，重商主義、殖民主義橫行，日不落的英國，普天之下，除英國本土國民外，其餘幅員廣濶的領土，何嘗有人權與民主？總之，英人的標準，就是世界的標準。

天不常藍，自 20 世紀之初，1901 年英女皇維多利亞去世，史家分析來龍去脈，已說明大英帝國開始沒落。代之而起的，就是新興的美國，證據很多，其中一條主線就是，便是對中國重要事務的干預，1898 年，因着腐敗滿清於 1894 年新敗於近鄰東方的日本手上，列強隨即劃下勢力範圍。其時，美國的國務卿海約翰（John Hay）經已要主持大局，發表「門戶開放、機會均等」宣言，說是保持中國領土完整，佔了便宜、賣了乖、初步稱了霸。很清楚，美國很早已干預別國內政了。

今年是五四運動 100 周年，起因巴黎和會，說明中國的土地、主權無法自救，山東竟劃歸日本。如此結局，背後的大台就是已成世界霸主的美國，「因日本近山東，由日本管理將更好」一槌定音，羽翼日本，完全蔑視中國的主權、更談不上人權與民主可言。歷史再追尋較近距離的美國大棒外交，韓戰、越戰，美國主導，烈火焚城，老百姓傷亡慘重、家散人亡，甚麼人權、民主統統被戰爭埋葬；再近一點，空襲伊拉克，狂轟濫炸，巴格達幾乎被移為平地，最終卻未有發現伊拉克有巨大殺傷力的武器，但文明古國已成頹垣敗瓦，炮火塵封，歷史記載，侵略者美國，將普世人權與民主打得稀巴爛，永遠羞愧。往後的利比亞、埃及、也門……一個接一個，美國同樣是以高度干預方式，平等對待。

對外如是，美國內部與人權及民主掛鈎的歷史又如何？開發西部，有善待原著印第安人嗎？為崇美價值者力捧的 19 世紀中

期的林肯「解放黑奴」說吧，其時，美國北方大力發展自由資本主義，從紡織業逐步推進到冶金、製造業的領域，需要勞工，外向型經濟要低關稅，這必須打破南方大種植園、蓄養大批黑奴的保守經濟。當南方說要獨立脫離聯邦政府，林肯就舉起「解放黑奴」引人入勝的旌旗了。事實上，林肯亦曾表白：「我從來沒有主張以任何方式實行白人和黑人的種族社會及政治平等……我們的終極目標是保住聯邦，而不是廢除奴隸制」，維持美國聯邦制，即是美國的統一，任何屬美國的土地都不能分割出去。但美國阻礙中國的統一，操弄台灣牌、香港牌是無所不用其極！另外，要排華、要反共，完全違反人權與民主的排華法案，儘管時代不同，但統統可因時制宜，都可獲得通過！

再說點美國內部的，至今天，國內黑人的被歧視、未有壽終正寢。遇有大、小動亂，警察開實彈槍掃疑似罪犯，多的是。而最令教育界人士痛心的，校園內，學童無辜死於由槍權覆蓋的亡魂下，實在的數字是嚇人的。槍權遠遠高於學生的人權、人命是人盡皆知。

今天，美國當權議員及政府互相唱和，由參、眾兩院通過《香港人權與民主法案》，藉此威嚇全世界排第三位自由的香港，說是每年要評估香港人權與民主實施概況，藉此決定香港可否獲美國繼續給予的特別待遇。一個人權紀錄劣跡斑斑，常以己屬的人權與民主價值作殺傷武器、毀人國家的國家，還要站在道德高崗，手提人權與民主的交通燈，要亮起甚麼訊號就甚麼訊號，朋友永遠是綠燈，視作敵人的，永遠是紅燈。這是名符其實的點紅點綠！也在不斷侵害一國兩制下香港的自由和民主，安定與繁榮。

在香港，美國參、眾兩院通過的《香港人權與民主法案》，既有香港人做說客，當然有不乏的、額手稱慶的捧場客，筆者只能說出：「美國大、美國惡，教育完全不正確」，並以此作結。

（原刊於 2019 年 11 月 23 日《信報》）

社會生活篇

內地用心編寫的《生命時報》

由上海乘飛機返港，空中服務員遞來一份名為《生命時報》的報章。順手翻閱，愈看愈被內容吸引。頭版是〈醫者茶座〉專欄，記載中國工程院院士、北京大學第一醫院名譽院長郭應祿先生，感念其恩師吳階平院士的種種，由醫入情的文章，香港報章少見。

刊物啟發香港教育

再翻閱，有〈敬佑生命，榮耀醫者〉欄目，兩頁內容集中報道內地省市醫療的人與事，是為醫者打氣篇；再來是〈健康管理〉專頁，是次專題報道，記者親訪比利時，就該國推出「放學後運動卡」的實錄，作出較深入的分析。原來，比利時學生功課不多，為免學生下課後只埋首上網，因此由政府、學校和社區運動俱樂部三方合作，提供各項球類、游泳、滑冰⋯⋯乃至瑜伽等活動，讓學生參加，費用極低，不但可將參與記錄積存，計入學業評估，更有特別獎勵，自計劃開展以來，學童自由參與運動者日眾，對香港的教育同工而言，自有啟發。

〈生活起居〉欄，由大學醫學教授教導讀者如何護脊腰，對常感腰痠背痛的教師而言，顯然有用；〈生態環境〉欄，其中一文

〈新德里垃圾山，明年高過泰姬陵〉，對熱愛環保人士而言，發人深省。再下看連續兩篇載錄在〈中醫妙方〉，教讀者醫療與食療的妙方。更難得的是有關「愛情婚姻」、「生兒育女」，都有醫者父母心的精采撰文，有益世道人心。

〈常備藥箱〉與〈心理門診〉兩頁，出自受訪醫學專家的意見，有無病痛在身的，都會特別留神；〈腫瘤防治篇〉今期談的專題是〈息肉癌變風險多大〉，生命攸關。這些訊息，讀者自必留神。

看看香港醫學界，能有一份如此用心編寫的《生命時報》刊物？有益於廣大羣眾？抑或香港醫學界近年要忙於向市民表達政治立場，敵我劃界，久而久之，根本無暇顧及本科的專業發展？

（原刊於 2019 年 7 月 5 日《星島日報》）

香港再有艷陽天

今年 6 月 9 日起，香港政局的動盪，讓生於斯長於斯、祖父輩從內地遷徙到獅子山的無數香港人，十分難過。

難過的地方，在於一向以包容見稱、東西文化薈萃的城市，竟連表達意見的自由都沒有。在公開的場合上，中國一詞竟淪為媒介物，親惡兩邊鬥，同路就是朋友，對面就是敵人。衝突場面拉開，誰人多勢眾，誰就操弄話語權，誰就代表真理，任何的舉措，用文鬥武鬥加之於對方，不管多麼激烈，都是使命高尚，都叫替天行道。

立場先行，政治要鬥爭，必先有鬥人一派，亦自然創造要被鬥的一派。兩派出現，由互不信任到互相攻擊，初則口角，繼而動武，單打獨鬥以至集體羣毆都會相繼出現。香港今天，此種讓人生厭又使人打從心裏懼怕的影片，幾乎天天傳入耳目，躲也躲不過，怎不讓人難過！

教育現場，讓學界更憂心，是這場政治狂飆的運動，不少大學生、中學生，甚至有小學生高度介入，明知政治立場鬥爭險，偏要政治行，9 月開學至今，校長及教師們，既要為學生們在校外參與「公眾活動」所產生的危險，予以最大可能的保護；又要為輔導學生們返回寧靜的校園，安心學習……一切一切，9 月開

始的香港絕大部分學校，都要勞心勞力地應付。

重提核心價值

教評會有見及此，乃編制由幾位教師義工撰寫的《重溫核心價值及公民質素》，當中重提本是香港學校已發展的十二大核心價值，內載簡約的現存社會現象，通過師生互動反思正向價值的重要，當中，亦摘錄歷史名人如洛克怎樣看自由、甘地如何演繹暴力對社會的傷害……都言簡意賅，發人深省，該小冊子於 9 月初發予全港中、小學，頗獲好評，這證明香港不少的學校，承受再大的教學壓力，都着緊學生們要持守仁愛、包容、守法、獨立思考、尊重、責任……的核心價值。

年輕人是社會的棟樑、是社會的希望，這個理念，不知傳了多少個世代了。香港社會要再有艷陽天，就看年輕人是否懷抱這些核心價值，這些價值是否再有出頭天。

（原刊於 2019 年 9 月 18 日《星島日報》）

校友有情

春風潛入夜，潤物細無聲。算起來，求學幾個重要階段，幼稚園、小學、中學、大學。幼稚園較矇矓，但老師哄睡午覺的片斷還可若隱若現，小學到中學，心中誰是最友好同窗，誰是嚴而有愛的老師，那位校長朝九晚五最守時，那位是加班超時常常有，至今，時、地，人還是腦海清楚的。

教育可讓人成長，踏踏實實、一步步掌握知識，時光流變，知識會轉變為智慧。課堂內外，教師諄諄善誘，帶出的是禮貌、良善、友愛、珍惜、感恩及同理心等的重要做人價值觀。

由幼稚園到大學，回首前塵，受恩不淺。畢業後走進職場，雖有波譎暗湧一刻，但最終還能輕舟過山、水波不興，繼續前進。當年學校教育的克己修為，增添了不少的動力來源。昔日在校的學生，就是今天的校友。

良性循環往復，歷史愈長、校齡愈久的學校，得益校友愈多。赤子之情，回饋母校，或有金錢捐款，人才先出，錢財復來。學校不懂公關秀，校友的捐款，多少無拘，最能暖透學校各持分者的心窩。

資本主義社會的香港，財富只集中豪強之手，薪金能滿足基本生活需要，經已不容易，再期望校友有能力捐款母校，今天時

勢，更感艱難。錢財未能位，人才還能學有所用。英文好的，返校義教學弟妹，情理教育，事半功倍。愈近公開考試期間，校友發揮作用愈大。一生一體藝，校友擅長的項目，課外活動時段，校友落場傾囊相授，學弟學妹自當認真學習，他日畢業離校，接棒薪火相傳。學校大型活動如陸運會、水運會等，台上台下積極參與，五年、十年……都是同一家。

淳樸校風孕育一屆又一屆畢業校友，校友返校，當會摒棄校園以外的所有人與事閒雜紛爭，重溫亦要繼續確保校園那份難得的、難以言諭的靜謐之美。這也是今天喧嘩非常，政治狂颷厲害，校友進校要守的一份愛校責任。

（原刊於 2019 年 9 月 10 日《星島日報》）

讓城市因讀書而受人尊重

　　今年的香港，前有烽火，後有疫情，9 月開學，疫情依然困擾整個世界，香港是國際城市，繁榮行走已久，疫情是欲拒還迎。負責深港澳中小學讀書隨筆大賽港方的籌委工作組，在疫情陰霾困擾下，仍以學生為本，積極聯繫各學校，鼓勵學生參與。直至 10 月中旬截止報名，深港澳共有 300 多所學校參與，共收錄 12,000 多篇作品。

經典閱讀促進文化自信

　　讀書隨筆大賽主題有二，其一是「經典閱讀」，目的在於提倡文化自信，由此期望參賽者，嘗試寫出修身、立言乃至立德之範文。林語堂先生在〈生活的藝術〉一文有言：「一本古書使讀者在心靈上和長眠已久的古人如相面對，當他讀下去時，他便會想像到這位古作家是怎樣的形態和怎樣的一種人，孟子和大史學家司馬遷都表示這個意見。」印度詩人泰戈爾也曾說：「無論你走得多遠，你的心總和我連在一起。」這就是經典閱讀迷人之處。

立足於後疫情時代的思考

　　其二是「後疫情時代思考和成長」，參賽的學生當可揮筆，抒

寫出社會責任、承擔、使命之感，亦可發表對生命、生活與生存的雜感看法。林語堂先生亦有如下的一番話：「世上無人人必讀的書，只有在某時某他，某種環境，和生命中的某個時期必讀的書，我認為讀書和婚姻一樣，是命運註定……」確實，每個人的命運都是註定的，但能用心眼閱讀，愈多閱讀相逢有緣的書，愈是有感，雖是命中註定，但總覺此生愜意，得一好書可以無憾。

　　兩年前，筆者前赴深圳參加深港澳讀書隨筆大賽頒獎禮，獲贈深圳「讀書月」紀念木框，除載有深圳各民間讀書會襟章外，頂頭刻上一句「讓城市因熱愛讀書而受人尊重」，書，是情、義、真、善、美的載體；閱讀，就是歲月不輕放。這份紀念品，筆者珍而重之。

（原刊於 2020 年 12 月 2 日《星島日報》）

這是法律，也是教育的問題

　　近日就台灣發生一宗一名香港男子殺害擁有香港居民身份的女友，媒體廣泛報道，殺人者潛返香港，台灣方面搜證充分，要求香港特區政府協助予以遣返。這是一宗有充分理據要檢討現存《逃犯條例》的案例，香港現存《逃犯條例》的引渡條約，接受引渡國家或地區只有 19 個，這樣是否合情合理，是否跟得上現今社會的步伐變化？再說，從法律角度引申連串的問題也必須回答，譬如為何美國與香港有罪犯引渡的條例？「一國兩制」之下的中國又不能有雙向的引渡條例？這是優待美國？抑或是歧視中國？現今的香港，除 19 個具引渡條例的國家或地區外，其餘的多數國家或地區都可鑽此法律空罅，在本國或地區犯罪後，明目張膽置身香港，繼續逍遙法外，怎麼辦？日積月累，香港能承受罪犯天堂的惡名嗎？對受害者及其家屬公道嗎？

天理何在，誰無父母？

　　從另一個角度看，香港自身的各式各樣犯罪者，同樣可逃往這 19 個有引渡條例的國家或地區以外匿藏，甚或自由自在地、日光月亮下，繼續生活張狂，繼續無法無天。過去一段長時間，鑑於內地、台灣乃至澳門，都沒有與香港簽訂逃犯的引渡條例，

只能單向提出司法協助，這種情況，香港特區政府必須予以修例，改變現狀，利人利己。否則，內地、澳門、台灣，也繼續成為港人犯罪分子的藏身寶地！

今天，香港特區政府正視問題，提出《逃犯條例》有關的引渡修訂，正本清源，是負責任的做法，但有一些反對修例的，只信任美國，卻無理據地反對中國，以逞一己之私，最終目的就是滿足自己有形與無形的政治喜愛，部分立法會議員在議會內，用各種「理由」反對《逃犯條例》的修訂。筆者也想問，今天在台灣犯上殺人罪，表面證據又十分充分的罪犯，潛返香港後不能被引渡，他日類似的個案在內地、澳門發生，殺人者又可逃之夭夭，天理何在，誰無父母？自由、民主的社會，若無清晰的法律依靠，天下大亂。這是法律問題，也是教育問題。

（原刊於 2019 年 3 月 22 日《星島日報》）

媒體報道自殺新聞必須低調

　　人是萬物之靈，但感情複雜，表達手法又千般差異。相信生命喜樂的，當是希望永遠；感到生命悲苦難奈的，就紅塵看破，一切都是空，最極端的做法，就是不理自然規律，走向輕生之路。任何人的輕生，或會是生無可戀，或會自感走投無路，或會有冤無路訴，或會盡快以今生換更好的來世……總的是，生存的恐懼大於死亡的恐懼，人就會走自毀之路。一旦不幸走上自毀之路的，原因複雜，旁人難以理解。

　　教師自殺新聞，有媒體大篇幅報道，圖文俱在。聞者難過，但難過之後，是否鬱結情感都能得到釋放？抑或繼續走不出陰霾，更甚顧影自憐，將生存的恐懼感加闊加大，甚或不知不覺對號入座？同走自毀輕生之路？

　　香港早有學術機構進行調查，指出媒體報道自殺事件，特別是有關學校的學生與教師輕生案件，更千萬要小心處理，愈高調地報道，模仿對號感就愈強，不幸的自毀個案被大篇幅報道後，在一段短時間內，就會有連續的、令人傷痛的個案再次發生。這也是香港過去相關「新聞」有記載的。

與生命教育無關的　都應遠離學校

較早前，有小學教師在校內輕生，結束寶貴生命，先是部分報章大篇幅報道，隨即是電子網上媒體也加入行列，連最大最多受眾的電視台，也是大報特報，彼此都唯恐落後。很不幸地，上周又有兩宗令家長、教師及校長們都十分痛心的中學生輕生案件發生。

香港媒體持守的新聞報道價值觀，大抵都是吹西風為尚。西方各新聞有充分自由，寫「古仔」完全可以自主的國家或地區，他們對自殺新聞，特別有關教師或學童的，都以十分低調乃至不報道的方式處理，為何香港又不跟隨呢？

從教育現場看，如何協助自毀教師及學生所屬的家庭及學校，一起攜手，互相扶持，走出哀傷，才是學界及教育界共同的焦點與着力所在，其他一切與學校推動生命教育無關宏旨的，都應該遠離學校。筆者深信，香港很多學校的教師、校長們都能以學生為本，彼此尊重，辦好學校而無怨無悔的。若要有再高調呼籲，那就是「媒體報道自殺新聞必須低調」，這是生命教育的共同實踐。

（原刊於 2019 年 3 月 22 日《星島日報》）

教會的淑世心腸

　　包括港澳在內的中國近世教育，其中一股很重要的推動力量，就是包括新（基督教）、舊（天主教）教會主辦、為數眾多的學校。當中，贈醫施藥設教的綜合服務，扶掖一代又一代窮困孩子的長大。

　　筆者童年在澳門，分別在兩所天主教學校就讀，一所屬耶穌會的海星學校，另一所屬慈幼會的慈幼中學。記憶中，在校課堂內外的學習，在主日學的上課日子裏，在校的神父及修士們常有更替，他們的名字多已在腦海消失無形。但他們對孩童的愛護笑臉、關懷備至的慈祥態度，以及行動，幾乎別無異樣，讓受教者留下深刻印記。

　　「如今常存信望愛，最大的是愛」，這是傳教使命，是培育孩童最吃緊的座右銘。深信，今天的神職人員、教師、社工、醫生等專業人士，活出的專業關懷，最大的是愛。

最大的是愛

　　已故的海星學校校長譚神父，一生以無私的大愛、幫助無數的學生及老師，那時候，濠江學生的家長都極力為子女申請渡香江。譚神父是能幫就幫，幫申請、幫船費車費，親自託帶學生到

香港定點，筆者的幾兄弟姊妹，受惠至大，感受至深。

在學養上，譚神父精通數門外語，但讓筆者領受最深的是，他常常教導學生愛天主的同時，未忘耳提面命，要愛人、要愛中華文化、要愛自己的國家。譚神父一生就在實踐以「最大的是愛」，走盡教會淑世之路，讓師生永遠懷念。

近日，好友卻問我，為何近年一些取得不少政府資源撥備的教會人士，以傳教神聖之命，不但對眾多的違法與暴力事件，採取噤聲，甚至參與其中，更有甚者，站在領導前列崗位？說實在，筆者未能回答這詭異的現象。只能回應「他們忘記了，最大的是愛，否則，斷不會對違法與暴力禁聲」，筆者再補幾句，「確實近年不知何故，在不同教育渠道，不斷滲出對社會、對國家的怨、恨、憎、厭、仇的價值出來。」再說，香港積存的文明，絕不應該如斯景況。

（原刊於 2021 年 1 月 27 日《星島日報》）

願香港健康與平安俱在

不知何時開始，按實在可靠的統計，香港人是全世界男女人均最長壽之地。健康的綜合原因很多：醫療預防與治療有果效、食物安全、空氣質素能達標、福利制度運作良好，只有養活人、不會餓死人……凡此，都是構成香港人長壽缺一不可的條件。

但從教育現場看，體質上健康長壽的人，心裏是否長存無慮的平安？特別是過去六個多月以來，政治狂飆的種子，四處綻放違法與暴力之花，導致不同政治立場的族羣撕裂，互不信任，道理與人情無法出頭，彼此未到老死已不相往來。

很令人憂傷，2019年的下半年，香港地是從大大小小暴力覆蓋下度過，今天未知明天事，大家心裏完全不覺得平安。2020年出現，伴隨而來的，是否依然是一大堆的違法與暴力？香港大部分市民心裏依然是心有戚戚焉！

多元包容，和平安全，本是香港獨特的核心價值、成功的資本。一個真實的個案：話說一位五、六歲的小女孩，於聖誕節未到之前，寫信給英國《太陽報》的總編輯，提出一個問題，請求回答：「聖誕節的聖誕老人是否真實存在？」「聖誕老人是否存在不重要，最重要是聖誕老人的出現，是表達善良、仁愛、關懷、平安、互助、尊重、欣賞等等重要價值，這些價值對每一個人都

十分重要。」總編緝認真地回信給小女孩。

信、望、愛的缺一不可

聖誕是佳節，佳的原因，並非霓虹璀璨的維港兩岸繁華燈飾，也不是要有火雞伴隨的聖誕大餐，當然也不是呼喊倒數的亢奮；而是，這節日是傳播淳樸的、信望愛的重要時刻。

「平安夜、聖善夜」，心口同唸，多年都如是。筆者在澳門天主教海星學校受教受益多年，年年學校賀聖誕，學生都要唱頌，而澳門的街頭巷尾報佳音，悅耳之聲亦早已植入大小腦海裏，無法移除。教學工作多年了，用心承傳「平安」的價值也多年了，這是難以言喻的、內心栽種的，是永遠平安的一份福氣。

平安夜屆臨，是信、望、愛的缺一不可，也唯有一起堅守信望愛，香港的 2020 年方可走出陰霾，身體健康與心靈平安俱在，走雙贏之路。

（原刊於 2019 年 12 月 24 日《星島日報》）

約法四章

上周，到訪一位開設書店並出版書籍的朋友，見面地點是土瓜灣的工廠大廈。「這裏幸好是家父幾十年前購置，否則，今天的租貴，經營書籍買賣及印刷愈來愈困難，早已揸不住了！」友人向筆者述說歷史故事。「今天樓價高企，幾十年來，這裏升值不菲，怎樣也不用擔憂。」我的回應是話中有話。「家父遺願，這裏只准用作印書及教育用途，辦教育是不能發大財的。」友人迅即回應。「這叫家教家風承傳。」我接着說。

維護工作和諧　堅守文化之地

參訪期間，看到一些大學生當暑期工，正默默地包裝沉甸甸的書本。友人說，這裏喜歡給年輕人工作機會，但會「約法四章」。

何謂「約法四章」？友人淺釋：「本是三章，但近年出現一波又一波的社會事件，有必要多加一章。首先，工作期間，不要宣揚個人政治立場及見解，免得出現爭拗，影響工作情緒，破壞彼此關係；第二，返工必須守時，這是誠信問題，是對工作尊重的具體見證，當然，若遇突發事件導致遲到，或有必要早退，合理合情當有例外；第三，工作期間要專注，不能玩手機，邊工作邊用手機玩電子遊戲是不允許的；第四，所有員工一律禁止粗言穢

語，看今天社會，大學生、中學生乃至小學生，不少都將粗口視作潮流用語，這點我是絕不同意，這裏雖然不是學校，但也是有文化之地，怎能容許粗口滿天飛。」「絕大部分青年暑期工，都能接受這四章，工作亦愉快。」友人再補充。

我們要看着文化沉淪？

在今天各大學、中學乃至小學寧靜的、理應文化散播的校園內，「約法四章」能否全然、應然地實踐？而實況實情又如何？近期，不少教育同工都看到網上的流傳片段：逾 100 名穿上校服的學生，齊集商場，一起「有秩序」、「有節奏」，齊齊高呼極之侮辱的廣東粗口，以作政治的宣洩，旁若無人，亦教人觸目驚心。都說要言論自由，在社交媒體的粗鄙用語，詛咒四方八面更是司空見慣！

確實，社會文化是要往上提升，抑或是要往下沉淪？這是一種選擇，大家都有責，作為教育專業工作者，兩肩更必須要有所承擔，以身作則，知行合一，內外都要與學生守着這「約法四章」。

（原刊於 2020 年 7 月 1 日《星島日報》）

良善價值的教育必須從學校開始

　　2019 年將走進歷史，對香港、國家乃至全世界，關心維港兩岸的所有人來說，這一年，自 6 月初旬起的整個下半年，觸覺是百感交集，不同形式、大小暴力場合的出現，活生生卻又是血淋淋、火光熊熊的砸、燒四處都有，更讓人不忍目睹的是，一幕幕出現的「私了」、可以置人於死地的圍毆個案，可以讓人尊嚴掃地的吐口水、噴漆塗面的個案，陸續發生，從 2019 年下半年的香港的情勢發展，展望 2020 年的未來，是讓人憂心忡忡的！

　　作為教育工作者，筆者最關心的當是學校教育，要如何面對此一令港人難以想像，卻又是鐵一般事實的亂局。事實上，2019 年的半年亂局，大學生、中學生是高度的介入，而介入的方法與手段，是令旁人吃驚的，粗言穢語是司空見慣，對人、對物的暴力施襲，是無所畏懼，毫不留情。緣何至此？原因相當複雜，千條萬條，但其中一條，確是教育出了問題，問題且有愈發嚴峻之勢！三十多年，筆者入行之初，參加為新教師而設的培訓課程，一位資深的教師在講台上說了幾句話，至今仍記憶猶新：「要學生有質素，大前提是教師必先有質素，教師一言一行，會影響學生一生，作為教師，必先要重道，才能讓學生有恆久的尊師」！

　　但半年亂局，按政府公佈參與暴亂被捕的教師人數共 66

人，任教學助理的有 11 人，這些動態的違法個案，概有參與「私了」圍毆異見者，堵路及非法集結，執筆之際，就有一教學助理，涉嫌測試遙控炸彈而被捕。另外再按教育局就近年以來，因亂局衍生，各種「靜態」的歪情歪理行徑，如發表欺凌、煽動、恐嚇等失德言論，需要調查教師展業操守的個案合共 106 宗，完成調查個案共 60 宗！教育局亦公佈，初步調查結果成案的有 30 宗，現正考慮作出懲處。從教育現場看，教育局懲處，究竟可依樣教師專業操守的守則行事？早於 1982 年，國際顧問團在「香港教育透視」報告書裏，已建議成立一個「香港教師組織」，最主要是提高教師的專業地位。輾轉到一九八七年，其時的教育統籌委員會建議成立「教育工作者專業守則籌備委員會」，經多方諮詢，用了三年的時間，制訂了《香港教育專業守則》（下稱《守則》），再至 1995 年，再有主題內容相約的修訂版。以教學專業角度看，該《守則》涵蓋是全面的、具專業國際水平的、是教師必須遵守的，《守則》亦符合社會對教師的育人子女的期望！

過去香港長時期的和平友愛歲月裏，就筆者所知，不少學校在開學之初，都發予全體教師人手一份，以為教學守則，從而有所依從！事實上，教育局在今年 8 月底開學之初，亦發表電子版予全港學校，藉此提示全港教師，教學要有專業的規範！

當中，有關「對專業的義務」，部分內容如下：「應對自己有嚴格的要求，凡是可以促進學生身心成長的活動，都應該努力不懈地改進，以滿足社會對專業的期望……應努力增進不同文化之間的了解與尊重，促進不同種族之間的和睦相處……不應從事有損專業形象的工作……不應為謀取個人私利而作宣傳」；而有關

「對學生的義務」，部分內容如下：「在教學過程中，應關心學生的安全⋯⋯不應因種族、膚色、信仰、宗教、政見、性別、家庭背景或身心缺陷等原因而歧視學生⋯⋯與學生討論問題時，應盡量保持客觀⋯⋯應避免使學生難堪或受到羞辱⋯⋯應培養學生民主精神，教育學生尊重他人」但 2019 年，6 月以來的事實演變，被逮捕的教師、教學助理的言行，能符合教師專業守則所載的條條內容嗎？抑或是走向《守則》的相反方向？

《守則》並不等同法律，《守則》對師德要求，當有更高標準，教育局對 30 宗初步定案的老師，考慮懲罰自有必要。暫停進入教室教學、處以半職、革職以待觀察，情節嚴重者開除教席，都應在考慮的範圍之內。而天子、教師犯法則與庶民同罪，當法庭按證據判罪，這就是社會罪責的承擔，能否再成為專業教師，教育局更需嚴肅面對！歷史說明，政治狂飆的年代，政治的作為是匪夷所思，但願 2020 年開始，和平、良善、友愛能落地獅子山下，淳樸的、良善的價值教育必須從學校開始，這是重建香港的第一步。

（原刊於 2019 年 12 月第 51 期《亞洲週刊》）

文化永恆篇

杜甫詩的文學永恆價值

中國社會科學院文學研究所所長劉躍進教授，應香港中國學術研究院之邀，前來國史教育中心（香港）為「文史教育沙龍」擔任主講，題為「文學史為甚麼選擇杜甫」。劉教授以其豐富杜甫詩學的研究，旁徵博引，再加上其曾參與插隊落戶的知青經歷，一路走來，在教學前線又積存接地氣的寶貴生活體驗，使得受眾在近兩小時的聆聽杜甫詩話，多有聯繫，滿有感受。

劉教授指出，我國好些文人，生前名氣不大，甚至默默無聞，但在歷史大浪的淘沙中，終究有「文章千古事，得失寸心知」這回事，一發是不可收拾的，以終為始，憑其嘔心瀝血之作，彰顯不可磨滅的文學價值和歷史意義，千古傳誦，與民族文化的發展，並肩用步，直到永遠。唐代的杜甫，就是其中一位。

劉教授說，成就唐詩的偉大，是唐代創新的科舉考試、文官制度，讓士子有仕途流動的機會使然。唐詩其中一個特色，就是詩人的遊歷豐富，可說詩就是生活，生活離不開詩，誘因之一是唐代的科舉，是開名考試，是當時劃時代的陽光考試，因此，遊歷交友，着重傳播名聲，這對考生的名字將來在考卷上，能否因有知名獲得加印象分，成為了當中的一個竅門。

家國情懷思念特別濃重

杜甫並不算考試高手，官運更是不佳，一生生活潦倒，但看杜甫詩文，家國情懷思念特別濃重，思妻念兒之句，是唐代眾多詩人所僅見。雖曾經歷天寶之亂的國運頹唐，杜甫常感憂憤難過，但未嘗灰心喪志。雖有「國破山河在，城春草木深。感時花濺淚，恨別鳥驚心」之作，但同樣有「好雨知時節，當春乃發生。隨風潛入夜，潤物細無聲」之句。

用「歷史流變，萬古常新」形容杜甫詩文之特別，並非過譽。唐代韓愈在〈調張籍〉一文，就以李白杜甫並列，以「李杜文章在，光焰萬丈長」定論。劉教授指出，杜甫更多於李白的，就是那份從顛沛流離「吾廬獨破受凍死亦足」的底層生活，正由於這份經歷，讓杜甫詩文沒有離開時代、沒有離開人民，更沒有離開文學世界的情感天地與崇高理想。或許，杜甫的「兩個黃鸝鳴翠柳，一行白鷺上青天」可作點譬喻。

（原刊於 2019 年 4 月 26 日《星島日報》）

中國文學獨特的美

　　近聽中國社科院文學研究所所長劉躍進教授，深入淺出談杜甫，領受良多。在後現代社會衍生的甚麼也不確定，要不斷解構的價值橫行獨道之下，細讀杜甫詩文，當可折射中國文學的偉大、奇情與奇美，絕不醜陋。

　　杜甫被明代楊慎首譽為「詩聖」，香港學生稍涉中國文學課的，咸認杜甫遣辭用語是字字講究，史詩的面世，是理性有餘，感性難開。但劉教授補充，杜甫詩文，確是從歷史大脈絡下筆，〈茅屋為秋風所破歌〉有寫「安得廣廈千萬間，大庇天下寒士俱歡顏」；〈羌村三首〉記「妻孥怪我在，驚定還拭淚。世亂遭飄蕩，生還偶然遂」。杜甫寫美，不是那種纖細之美，而是通過描繪離亂，卻清楚滲出人間希望，這是盛唐詩人筆下那份難見的崇高美感。

杜甫的詩文之美

　　確實，歷史感、國家情、家鄉念的遙遙寄託，杜甫詩句星羅滿布：「國破山河在，城春草木深」（〈春望〉）；「野徑雲俱黑，江船火獨明」（〈春夜喜雨〉）；「風急天高猿嘯哀，渚清沙白鳥飛回」（〈登高〉）；「冠蓋滿京華，斯人獨憔悴」（〈夢李白〉）；「丞相祠堂

何處尋，錦官城外柏森森。映階碧草自春色，隔葉黃鸝空好音。三顧頻煩天下計，兩朝開濟老臣心。出師未捷身先死，長使英雄淚滿襟」（〈蜀相〉）。

杜甫寫心目中的歷史典範人物屈原和宋玉，有言：「搖落深知宋玉悲，風流儒雅亦吾師。悵望千秋一灑淚，蕭條異代不同時」（〈詠懷古迹〉）……這些都是杜甫從歷史長河裏，筆帶頌人、自況、觀景、談情的獨特美。劉教授最後指出，杜甫作品的偉大，在於常常主動詮釋着一個古老民族的家國情懷和不屈的性格，卻未有忘記底層的樸素與平凡，杜甫的詩確實每首都很美！

今天中學文憑試的課程佈局，枱面上，中國語文科、中國歷史科及中國文學科，三中俱全，但教育現場上，師生能通過三中課程，窺見杜甫的詩文之美嗎？杜甫以外有李白等盛唐詩派，唐詩之後的宋詞、元曲、明劇、清小說……一幅接一幅的中國文學獨特美，香港師生能有情欣賞嗎？

（原刊於 2019 年 5 月 3 日《星島日報》）

五四晉百　文化再新

　　上周六，在農圃道新亞研究所舊址涼亭之上的小型演講廳裏，正舉行一場紀念「五四」百年的教育沙龍。百多個座位，擠得滿滿，耆英中年青少年都有。遲來未有座位的，就席地而坐，很久未見到聽「講古」的現場，有如斯盛況，這讓兩位來自新亞的教授，滿有欣喜。

　　「50 年前，我在這裏跟牟宗三等大師求學，點點滴滴，終身受用，當時在這裏紀念五四的 50 周年，轉瞬之間，又在這裏主講五四的百年……」陳萬雄教授的自白是語帶感恩。另一講者周佳榮教授向筆者介紹：「曾經在這小小的天地裏，親炙不少大學者的演講，英國學者李約瑟，就曾在這裏演講，題目是宋代科學與技術的偉大」、「李約瑟曾謙虛地說，本來應由在座各位學者，站在演講台上，述說中國文化的偉大才對……」。歷史是記錄人並與之相關的種種活動。五四百年不滅，薪火相傳，傳的是，1919 年五四前後，中國湧現一大批具真才實學的人才，都是著作豐碩，並且能接地氣，學有所長，上下求索，期待學以致用，有益世道，有利全民教育。

五四之時　人才輩出

時任北大校長蔡元培，不但在五四運動期間，為學生奔走呼號，更是中國美學發展的標杆人物；胡適雖是留美學者，但單以其著作《中國哲學史》、《水滸傳考證》，已足證他是天才型的學者；當時共產黨的信徒陳獨秀，除熱衷政治外，亦從事多元的文化推廣，編著《國語周刊》、《小學識字教本》影響深遠。當時參與的年輕學生，如傅斯年等，五四激憤激情之後，仍然毋忘充實自己，以圖報效國家；留學德國後，更將史料實證學的理論向國人推介，一分材料說一分話，國共內戰後，傅斯年到台灣大學任校長，為台大的學術獨立價值，鋪墊深厚。

1919 年五四之時，國家頹唐不堪，卻是人才輩出，知識分子參與國事的使命感特強，為民族與文化找出路是俯首不言倦。五四晉百，今年國家的外交內政，躋身列強，甚至是篤定已成為美、俄、中的三雄之一。但百年前後，人才在我國又要怎樣數算？是多還是少了呢？更重要的是，中國文化又要如何吐納，再創新篇章！

（原刊於 2019 年 5 月 10 日《星島日報》）

歷史文明的對話

　　上周六，城大前校長張信剛教授應國史教育中心邀請，以〈蒙古帝國開啟歐亞新歷史〉為題演講，報名超額，座無虛席，都慕張教授的名而來。近兩小時的演講，出席者都聚精會神聆聽，張教授深入淺出導明蒙古民族的來龍去脈，指出蒙古建立的龐大帝國，由此而催生歷史上的東西交通往還，政治制度、人文乃至科技的融合，對人類歷史發展而言，是極大的貢獻。事實上，因着元朝及四大汗國共存的關係，東西人流、物流、銀流是源源不絕，除馬可勃羅、周達觀等較為香港師生熟悉的故事外，還有很多有趣、有意義的真實個案留在歷史裏，引發無窮思考與想像，可以說，元朝版的一帶一路是滿有可述可記之處。

　　時代的局限，當時由蒙古族建立的帝國，促成東西方的對話，確實也帶着不少時代的野蠻，如武力、種族歧視等。但從宏觀歷史以千百年的計算單位看，過要述，功也不能抹煞，蒙古帝國對歐亞新文化的促成，貢獻很大，單以元朝中土早有的指南針、火藥、印刷術，造紙術的再西傳，以及連繫帝國的驛站制度……這些對歐西的發展影響便至深且巨。

以更加開放的姿態擁抱世界

張教授本科專業是工程學，台大本科畢業，於美國完成博士學位，再到東西文化薈萃的香港，擔任城大校長 11 年後，再到北大、清華等校講課，張教授對理工與歷史文化的學養深厚，學教有西東，是屈指可數自身已滿載文理對話的學者。

筆者負責於張教授演講完畢作點總結：「文明的演進，真誠對話十分重要，記得近日在中國舉辦的亞洲文明對話大會，習近平指出，今日之中國，不僅是中國之中國，而且是亞洲之中國、世界之中國；未來之中國，必將以更加開放的姿態擁抱世界，以更有活力的文明成就貢獻世界。」

學習中國歷史與文化，就是要學習過去與現在永無休止的對話，由此汲取人情道理，繼續向前。

（原刊於 2019 年 5 月 31 日《星島日報》）

不用膜拜西方價值

　　歷史不斷推進，有時充滿弔詭，堅持歪情歪理的，還是可以抬頭挺胸，大義凜然。有人公開表達，中國改革開放 40 年，與西方價值愈行愈遠，這是要反對、要聲討，反對者要時刻周遊西方列國，尋求奧援，藉此牽制中國云云。中國改革開放，對 13 多億人民，連香港在內，實質貢獻實在不少，真的假不了。但公開咒罵中國的，就是不會公公道道說話，香港大部分媒體，就是不去記錄，奈何？

　　今天，不妨也從歷史現場看看西方價值如何「了不起」！西方力量興起，歐美價值飆升，概說是由 1789 年法國政治大革命啟導，民主在前，自由、平等、博愛，紅白藍三色，鋪天蓋地，影響無遠弗屆。然而，放諸歷史長河，這些價值落地，並不普世，而是重商及殖民主義抬頭、資本主義掛帥，一套理念，是雙重標準。所有的自由、平等、博愛都是分級制，上下之隔十分明顯，民族歧視乃至虐待，甚至殺戮處處。民主、自由、平等、博愛是花不開、果不落。

西方幫忙中國多少？

　　日本的近代歷史，西化最深，學藝最積極，但侵略別國殖民

亦最狠，東亞與東南亞大部分國家都曾經遭殃。鄰近的中國，受害最深，兩次被大侵略，損失無法估量，終於在 1945 年獲得全民抗日戰爭的慘勝。當中，西方列強及西方價值幫了中國人民多少？

1949 年新中國成立，匍匐前進，路途多艱，西方列強圍堵怎樣，幫忙又有多少，大家有目共睹，70 年前中國人民站起來，艱苦奮鬥，至有今天的綜合國力，13 多億人民吃飽穿暖，殊不容易，內地與香港共同見證，回顧過去，再合理縱橫推敲，幸好西方價值支撐的顏色革命進不了中國，否則伊拉克、埃及、利比亞之亂，將緊隨內地，香港無法倖免。

德國歷史學家斯賓格勒，早於 1918 年發表〈西方的沒落〉一文，對所謂由西方價值支撐的列強的所作所為，提出強力質疑。或許，這對今天膜拜西方價值的，待他或她願意抬起頭的時候，會起點提示作用。也從生命教育看，西方價值是可參考，卻不能膜拜的。

（原刊於 2019 年 8 月 23 日《星島日報》）

星塵　星雲　星河

　　看電視新聞談論測天的節目，兩位主持說到太空星塵、星雲現象，是多麼的遠又那麼的奧妙，筆者頗有感觸。頃刻想到〈天籟…星河傳說〉這首歌，主唱者是關正傑先生，那是獅子山下，歷久常新，多首經典代表歌曲之一，曲調柔和悅耳，溫情暖意，歌詞承載同舟共濟，充滿理想之意涵，滲出絲絲入扣的星際與凡塵互動，甚具創意。受眾入耳，聯想可近可遠，意味無窮。

　　幾句陳年歌詞，哼得出、記得到：「星河，有一串星際流火，掌舵，尋覓獵戶星座，用歌，於黑暗柔柔拍和，眾星，編出了一訣情歌」，當年筆者除教學外，身兼向來都吃力難討好的訓導主任工作，遇有難纏的、一生愛自由的、不羈放縱的、未明紀律在校園整體重要性的違規學生，當按權限處罰一些「壞」而不爛的野蠻個案時，偶爾會與被罰而怨氣又未順的學生，一起聽聽抒情卻又有點正能量的歌曲。〈天籟…星河傳說〉是我喜歡選擇的其中一首，「星河，有一串星際流火……萬千的皎潔星座，圍着朗月分佈就座，在千秋不變星座，存着你或我」。「的確，太空很美，繁星閃閃，自由無限，卻是那麼融洽有序，裏頭有你有我，各星座是皎潔而又相互含笑輝影。星如人生，何必一人自由獨大，容不下你不喜歡的師生、你不喜歡的校規呢……」時光倒流，

筆者還是很喜歡與激情熱情有餘、衝動十足的少年人，一起放下，靜聽曲悅，分享我的看法。

自由與自律　並行不悖

自由與自律，並行不悖，各安其位，矛盾統一。萬千皎潔的星座，圍着朗月分佈就座，這是大自然的美、永恆的善。看今天香港社會戾氣萬分，敵我分明，良善只能據為己有，邪魔妖道必然算在敵人身上，敵人要被正法，就得要用任何可用的手段，使之萬劫不復，使之不能逃於天地間！此時此刻，〈天籟⋯星河傳說〉更值得香港中學生、大學生高歌多唱，用情用理、用活潑的腦袋多想像！

星空悠悠，人情暖暖，願香港近月的暴力能早日遏止。

（原刊於 2019 年 11 月 14 日《星島日報》）

心歸處是敦煌

　　兩年多前，有幸跟隨李美賢老師前赴敦煌，目睹蒼茫黃沙夾縫下的莫高窟，燦爛多姿的壁畫，處處精采，眼界大開，心靈躍動，此行永誌不忘。近日，感謝李老師寄贈，由前敦煌研究院院長樊錦詩女士（下稱樊院長）口述、顧春芳教授撰寫的《我心歸處是敦煌》。

　　樊院長，杭州人，1938 年生於北京，長於上海，1958 年考入北京大學歷史考古專業，五年後，委身敦煌文物研究所（即今天的敦煌研究院）。樊院長進寶窟，中華藝術文化的多元，含蓄而又綻放的精采獨特，北魏至元的洞窟，沉鬱又瑰麗迷人，使得樊的考古藝術專業情操更昇華，忘情忘我，完全拋開杭州上海的繁華煙雨，亦忘記北大人在北京學術發展的優勢，不能自已，選擇留在物質世界一點都不輝煌的敦煌，名副其實是與沙為伍，與莫高眾多陳年脆弱石窟共患難。至今，快踏進 60 年的一甲子。

篳路藍縷，守護敦煌

　　「我感覺自己是長在敦煌這棵大樹上的枝條。我離不開敦煌，敦煌也需要我。只有在敦煌，我的心才能安下來。」樊院長同時委婉說出：「我的記性大不如前，很多事情都忘記了，但是

我忘不了幾代國家領導人對莫高窟保護事業的關心，我忘不了那些北大師長、北大的學習時光影響了我的一生；我忘不了以常書鴻、段文傑為代表的老一輩莫高窟人，在大漠戈壁的艱難條件下篳路藍縷、含辛茹苦地開創了莫高窟保護、研究與弘揚的事業……」

　　薪火相傳，由常書鴻、段文傑到樊錦詩，藝術與考古的柔情理性結緣，保護敦煌文物的意志、決心是相激相盪，使得敦煌獨特藝術成就能再現全球，與歐洲文藝復興的學藝，東西互相輝映。唐史專家陳寅恪曾就敦煌莫高窟文物受天沙、戰火，以及外人的破壞與盜竊，十分感歎：「吾國學術之傷心史也。」曾到敦煌，心有莫高窟，今天的敦煌莫高窟精神面貌，已然從傷痛走出來，期望明天，各方再加珍視，敦煌更婀娜多姿，永遠安放在國民及世界公民的視角及心坎裏。

（原刊於 2020 年 5 月 27 日《星島日報》）

立秋　處暑　白露

　　友人熱愛中國文化，早些時候傳來短訊，說的是「今天立秋，暑氣漸退」。執筆趕稿之際，手機又收到另一短訊，「今天處暑，冷熱反覆，一場雨帶出一點寒，總的是熱暑必散，氣溫必降，秋冬衣服可以準備，很快，白露的日子又到了。」話語的情理兼備，風雲預測，不離人間暖意，立秋、處暑、白露究從何而來？就是從二十四節氣而來。

　　一年四季，四季二十四節氣，順序排序，這是用天文學、科學乃至文學的綜合，述說大自然。順時應節，春夏秋冬，循環往復，詩人握緊節令，抒發情感，留下無數作品，橫破時空距離，供永續的念想，連結文化韌帶及精神冥合，抑揚頓挫，衍生難以言喻的文化同體，牽起休戚與共、同舟共軛的生命感悟。

唐宋詩詞的空間與聯想

　　春臨「人間四月芳菲盡，山寺桃花始盛開，長恨春歸無覓處，不知轉入此中來」（白居易〈大林寺桃花〉）；夏來「清江一曲抱村流，長夏江村事事幽。自去自來堂上燕，相親相近水中鷗」（杜甫〈江村〉）；秋立「少年不識愁滋味，愛上層樓。愛上層樓，為賦新詞強說愁。而今識盡愁滋味，欲說還休。欲說還休，卻道

天涼好個秋」(〈醜奴兒·書博山道中壁〉)；冬至「千山鳥飛絕，萬徑人蹤滅。孤舟蓑笠翁，獨釣寒江雪」(柳宗元〈寒江雪〉)。

唐宋詩詞出色無數，作品既是對大自然四季的唱頌，亦多有反諷，空間與聯想都無限，杜甫對春天的抒懷寄意篇，就有廣傳熟誦千年的〈春望〉，「國破山河在，城春草木深。感時花濺淚，恨別鳥驚心。烽火連三月，家書抵萬金。白頭搔更短，渾欲不勝簪」，杜甫處身安史之亂的長安，三月春天，感傷時節，春天不是賞心的花開，而是憂傷的濺淚。

中國文化早熟傳承，唐詩宋詞並非橫空冒起。不欲為五斗米折腰，排拒政治黑暗，心照桃花源的東晉末年詩人陶淵明，早有〈四時〉山水詩，「春水滿四澤，夏雲多奇峰。秋月揚明暉，冬嶺秀寒松」，究是疾俗出世之作，抑或仕途失意後，參透四時、心中喜樂之句，任憑後世測度玩味，寄予情意。

愈有機會追蹤探索前塵，愈是心裏明白，中國二十四節氣，詩詞曲賦相激相盪，確是理長存、情無盡、意深遠，屬世界文化遺產卻是生命永續。

（原刊於 2020 年 8 月 26 日《星島日報》）

籍貫教育的重要

上周，筆者所屬的教育團體，就「新冠名以取代通識教育科」召開記者發佈會，提議取「國民與社會科」名字，當中亦提及相關考評、推動以及如何銜接等課題。

國民教育，有國皆然，紐約、倫敦、東京、首爾，新加坡等，最為港人熟悉的國際城市，都會在學童成長的各個階段裏，按學習不同階段，實施不同程度、卻本質相同的國民教育。本質相同的教育內涵，大抵是指要認知己屬的國家與民族從何而來，篳路藍縷，先民拼搏，保家衛國英雄故事；而國家所屬的山川河流、文化獨特面貌，遠源流長，吾土吾民，生生不息，代代相傳。知、情、意，行，身份認同，國族繁衍，社會雖然不斷演變，話來莞爾，最終是有根有本。故國民教育，也可稱之為血濃於水，「根」的教育。

國民與社會科的教育啟航，大家要有心有責，香港的教育，當要以「一國兩制下的香港教育」仍連體、合體稱之。否則，無從推動國民教育，要閱讀學習香港，就得是一國兩制下的香港，由此開展與香港息息相關的三條條約的學習，了解《中英聯合聲明》、《基本法》，以至九七回歸的方方面面，維港兩岸，獅子山下，東江水流，香港、國家（中國），國家，香港，永遠連體，這

屬香港國民教育推行的過程中，牢牢不破的最重要前設。

前線教學的日子，常有學生問及，英美為何總會以緊密聯盟方式，一致對外。筆者簡要的回答就是，除文化與價值觀相同之外，更重要的是，兩百多年前，美國開國的先民，很多都是從英國，特別是愛爾蘭遠道而來，英美本來一家，同宗同緣，這是根本。

過去一段很長的時期，香港學生入學要填寫的學生手冊，首頁內，學生個人相片要貼、監護人姓名及聯絡方法要填，還有的是要填上「籍貫」一欄，這是血緣、鄉緣的認知，學生填上，自會明白「我從哪裏來」、「根又應往哪裏尋」。但不知從何時開始、以及哪位教育部門高官決定，抑或是由校本決定，學生手冊都無須規定，填上「籍貫」一欄。教育，有時候是小節見真章。筆者認為，在香港推動國民教育的滲透課程，其中的一個小節，「籍貫」教育得要重視。

（原刊於 2021 年 3 月 2 日《星島日報》）

文化認同是民族團結之根

　　國家主席習近平於十三屆全國人大四次會議，出席內蒙古代表團審議時強調「文化認同是深層次的認同，是民族團結之根、民族和睦之魂」，筆者認為，習主席有關的講話，是言簡意賅，這對全世界的華人，特別是今天香港特別行政區的教育界而言，更值得深入思考，並付諸實際行動以回應文化，認同此一生重要論述，擲地有聲。當一個國家文化愈失落，民族團結與和睦就愈形困難，國民身份認同的危機就愈演愈烈，麻木不仁，後果堪虞！

　　中國是多元民族組成的國家，日月星辰，民族搏成，川流不息，漢滿蒙回藏以及各個民族，求同存異，既孕育統一、共同的語言、文字、制度，建構國族身份，國民付出應盡的義務並享有國家保護的權利；同時，各族保留獨特的生於斯，長於斯的風俗與生活習慣。此一綜合的寶貴積澱，可概稱之為中華文化！自有可信文字記述以來，中華文化近五千年傳承永續。山川河嶽，吾土吾民養就的中華文化，經得起時間的考驗，可觀、可用、可永留內心深處，代代相傳，並能廣披四海，這就成為文明，跨越了大江大海、崇山峻嶺，儼然已成為世界文明極為珍貴的一脈！英國歷史學家湯恩比於上世紀 70 年代中期，就從歷史的大視野預估中國將於 21 世紀會再次興起，成為世界舉足輕重的國家，湯

氏的理由有兩點，其一是中國經濟的潛藏力量的發揮；其二是中華文化復興，將衍生強大的生命力與創造力。

有國就要文化承托，文化生生不息。而各族向心所在，文化認同從何而來？筆者始終認為從國史的認知而來，惟有在國史的長河裏，方有國學（中華文化）可述，國情可知，國史告訴國民，先民艱苦奮鬥的拼搏，這是有國之最根本；不懂春秋戰國漢唐宋元明清，又怎樣了解學術上的百家爭鳴、漢賦唐詩、宋詞元曲、清章回民國新文學之深邃奧妙，並與時代相適應？當讚歎改革開放四十年之偉大，亦必會追蹤中國歷代都有長期重視民生經濟科研醫學建設的優良傳統！現借用國史教育中心（香港）舉辦的「年度中國歷史人物選舉 2020」，以「科教興國，經世濟民」為題的五位歷史人物選舉，當中包括：東漢張衡，中國古代著名天文學家，著有《候風地動儀》，《漏水轉渾天儀》等；南北朝祖沖之，數學家、天文學家，著有《綴術》、《大明曆》、《安邊論》等。為人所熟知重大成就乃對圓周率的計算與研究，其對圓周率的計算結果（推算至小數點後七位數），100 年後才被超越；北宋沈括，中國古代著名地理學家，在物理學、天文學、數學、地學、生物醫學、化學等方面均有重大成就，曾編成《天下州縣圖》、著有《夢溪筆談》等；元朝郭守敬，有名的數學家和水利專家，精通算術和水利工程，創立了水壩的基礎構思（泄水和節水思想）；明朝李時珍，醫學家、藥學家，著有《本草綱目》等，勘誤及總結歷代所有藥材的資料，成為震驚全球的醫學鉅著。從幾位中國歷朝歷代醫藥、科研、築橋的專家成就看，當可證明中國科研及醫學文化的底蘊的深邃，亦可理解為何中國在短短四十年改革開放

於天文、科研、醫學、築橋鋪路之「速成」原因！

　　「當信任何一國之國民，尤其是自稱知識在水平線上之國民，對其本國以往歷史，應該略有所知，所謂對其本國以往歷史略有所知者，尤必附隨一種對其本國以往歷史之溫情與敬意」，國學大師錢穆先生所言甚是。筆者在中學任教中史、西史多年，不同年代的學生總有相同的一個問題，那就是為何英美常常走在一起，「她們在文字、語言、習慣、風俗乃至更重要的血脈來源都有相通之處，衍生的文化認同，是根深蒂固，透過教育代代相傳。因此即使今天英美已是不同的政治實體，也會團結在一起！」再看回歸後的香港教育，於國史、國學、國情的課程教學裏，能逐級而上，因材施教嗎？教育現場呈現卻是，今天中學文憑試的報考科目裏，中國歷史只剩下 6,079 人（僅佔總體考生十分之一），中國文學更是僅得 1,426 人，可憐得很，又畸形得很！學界乃至社會各界，必須正視！

（原刊於 2021 年 3 月 9 日《文匯報》）

順德、吳哥窟、金邊
生命教育行

　　上兩周，參與由同心教育基金（香港）的「一生一師遊歷學習計劃」，前赴內地的順德、柬埔寨的吳哥窟及金邊，一行近四十人，當中有做實業生意的、有財經的、科技的專業人士以及歷史教育學者，加上十多間中學的各一位老師聯同一位學生，同步出發，透過參與（Engagement）、經歷（Experience）自我教育的有效實踐，從心出發，體會深刻。

　　順德是第一站，參訪的對象是聯塑（LESSO）集團，1986年，塑聯在順德小鎮以山寨式的塑料工廠起家，十多年的刻苦經營，全廠同工努力奮鬥，2010年，籌集足夠的資本，具備條件，在香港聯交所申請主板上市，並獲核准。時至今日，聯塑在廣東、貴州、四川、湖北、江蘇、黑龍江省都設有生產基地，以及覆蓋全國的銷售網絡，塑料管道及零件已有70多個系列，旗下共有7,000多種產品，在給水、排水、電力通信、燃氣地暖、消防及農業領域，持續地發揮獨特獨大的貢獻！隨團的師生能到現場觀看聯塑產生各類大、小塑管的過程，是一開眼界亦會以一面思考，沒有改革開放的大政策與大潮流，聯塑沒有今天的發展，

而在香港聯交所上市，確實讓聯塑更進一步，走出世界。聯塑的信念是「聯繫現在，塑造未來」，這從聯塑設有自身的研究院，內裏有科研人員共 1,000 多名，可清楚說明，聯塑要「塑造未來」的企圖與進取。

第二站是吳哥窟（Angkor Wat），柬埔寨語是「首都」之意，吳哥王朝建於九世紀之初，至公元 1431 年為暹羅所滅，整個吳哥王城從此湮沒於濃密的熱帶雨林中，直至 1858 年法國生物學兼探險家亨利‧穆奧（Henri Mouhot）循跡發現，三年後，發表《暹羅、柬埔寨、老撾諸王國旅行記》當中有關對吳哥窟的敘述：「吳哥窟是古高棉王國的國都……此地廟宇之宏偉遠勝古希臘、羅馬遺留給我們的一切。」事實上，柬埔寨吳哥窟、中國長城、印度泰姬陵以及印尼的婆羅浮屠，早被譽為東方四大文明古蹟，要向隨團師生略加說明的是，法國人發現柬埔寨之前的幾百年，元朝的周達觀已於 1297 年在真臘（吳哥）王國遊歷一年，返國後用兩年多的時間，寫下《真臘風土記》，這是中外交通史的重要著述，當中指出當時的真臘王國文明雖然發達，但朝廷腐敗也非常嚴重，吳哥窟處處建金塔可證一斑。而該書於 1819 年被譯成法文版本，是日後吳哥窟被發現的指路明書！儘管吳哥王國曾經偉大，但愈腐敗是會愈戰勝任何的「偉大」，興亡不一定會循環復來，當年吳哥王朝的皇室辦公之地，早已灰飛！今天視為奇景的吳哥窟，是神廟而已！

第三站金邊，這是今天柬埔寨君主立憲國的首都，有機會進入中國駐柬埔寨大使館參訪，大使館人員的接待是認真而熱情的，使館外邊有「毛澤東大道」，足見中柬兩國的關係之深交。柬

國的苦難歷史同樣指出，與柬埔寨有深交的當不只中國，這裏自1884年起，已是法國的殖民地。直至1953年，西哈努克親王爭取美國、日本及泰國的支持，得以獨立成「柬埔寨王國」，獨立與中立，是當刻柬埔寨的國策。十年建國，由1960至1970年間，柬埔寨成東南亞富庶國家之一，金邊有「東方小巴黎」的稱號，但1970年3月，西哈努克親王外訪，美國支持當時國防部長朗諾將軍政變，1974年底，美國自越南撤軍，朗諾失去依靠，旋即被柬埔寨武裝力量推翻，此即由1975年4月至1979年1月的「紅色高棉」，亦稱為赤柬的恐怖統治時期，這三年零八個多月赤柬統治的「自我屠殺」，是不見天日！當地不少華人同受「無產階級」統治之劫，家散人亡的不在少數，隨團師生一起參訪位於金邊市附近的吐斯廉博物館 (Tuol Sleng Genocide Museum)（原址是一所高中，時稱 S21 集中營）「政治狂飆，人性泯滅」是一個總結！「反思歷史，珍惜和平，熱愛生命，應是這個博物館設立的最大目的」一位隨團的學生向筆者說了這幾句話！

逗留金邊期間亦到訪了兩所華文學校，一所位於金邊市中心，總的學生人數近萬，另一所位於柬埔寨與越南邊界，人數近千人，兩所學校的共同點就是資源缺乏，校長年邁，難找接班人。柬政府沒有投入資源，只靠華商捐獻，以及中國提供部分教師予以支援，儘管如此，校內的校長、教師及學生的教學互動仍然十分積極，天天向上、重視華教，並非虛言。「老師放心，我一定會學習好華文、華語，將來會很有用的」在越南境內居住，天天過境到柬埔寨綠山華僑學校唸書的一位初中學生與筆者道別時說的！金邊的另一面，是百廢待興，首相洪森的連任，確實

讓華商在柬埔寨提供很大的商機，金錢敏感（Money Sense）特強的華商正絡繹於途，開展各方面的投資，對柬埔寨的未來發展而言，華商是天使，抑或是魔鬼？紙醉金迷，就看華商的清醒與遠見！

歷史悲情，今天的柬埔寨，全國的人口，數算年齡，35 歲以下佔百分之七十五之強，而受華文教育的學生近八萬，有極大需要的教育投資，「生命教育」要填補的空間，也實在無邊無際！香港是福地，大家要珍而重之！

（原刊於 2019 年 5 月 11 日《信報》）

青燈閱讀篇

心中的歌　碧浪清波

　　天干配地支，六十甲子，循環往復，歲次天己配地亥，是謂己亥年。華人世界，都重視農曆年，歲首都唱心中的歌。

　　己亥2019年，新中國成立七十周年。天安門上，毛澤東宣告中華人民共和國成立的第一年，一窮二白，雖說中國人民從此站起來，實質上是仍被西方列強孤立起來；己亥1959年，那一年，生產「大躍進」持續，「以鋼為綱」燒得火熱，卻是三年大饑荒的開始，老百姓生活異常艱苦。

　　己亥1899年，這是滿清內部力求改革，即戊戌百日新政失敗，以及西方列強如狼似虎，圈地劃租界的翌年。是年，新興的世界強國美國，不欲老牌的列強進一步獨吃中國，而美國無肥肉可嚥，直接損害美國的自由貿易的自由龐大利益，於是，其國務卿海若翰發表中國門戶開放政策，機會均等，以保持中國領土獨立完整，包着道德外衣，先取得同血同緣的英國同意，並向世界宣佈，英美聯手，列強不得不從。當然，英國在華的侵略利益當要確保。己亥1839年，清政府已顯疲憊中衰，道光知識分子龔自珍辭官，寫下《己亥雜詩》，不少膾炙之句。「九州生氣持風雷，萬馬齊暗究可哀。我看天公重抖擻，不拘一格降人才」、「浩蕩離愁白日斜，吟鞭東指即天涯。落紅不是無情物，化作春泥更護

花」，龔自珍既鍼砭時弊、亦歎讀書人有志難伸，衰敗之象明顯的清政無法入目入耳。1840 年，中英鴉片戰爭掀起之時，亦是清政府大潰敗的開始。

時光不倒流，己亥四度，中國走到今年，艱苦奮進，經濟、科技耕耘進步，文化力圖復興，有目共睹。但以美國為首的西方列強，未見有進步大獎給中國，且諸多掣肘，圍堵打壓。

歷史在行進中，一筆一筆在記錄中，筆者深信，天道酬勤，中國的全面脫貧，中國的綜合國進一步的發展，中國的教育再普及推進，國民整體質素繼續提高，文化力量再闖歷史高峯，將是指日可待，任何歪情歪理都難以阻擋。中華大地碧浪清波，是我心中的歌。

（原刊於 2019 年 2 月 12 日《星島日報》）

電影紀錄周恩來一生為民
全心為國

　　早前，有幸觀看《周恩來回延安》在香港的首映。該片籌備四年，經認真搜集資料、考究，然後用心用功拍攝而成。是次在港的首映，更難能可貴的是，周恩來的親姪女周秉德女士蒞臨首映現場，口述歷史，細說周總理生活點滴。這對全場近千名觀眾而言，是難得的緣份，耳目之福不淺。

　　周總理一生為民，全心為國，無私奉獻，兩袖清風，鞠躬盡瘁，經已癌症在身，依然掛念延安老百姓，要走訪延安，期望延安人民有吃飽穿暖的日子，奔波勞累，健康再壞，生命再短，依然是無怨無悔，歷史是鐵證如山。

　　按周秉德女士所言，周總理與香港早已結緣。原來，1927至1929年間，周總理曾多次到香港。新中國成立後，不少有利香港民生與發展的政策，如對香港進行引水發電，就是由周總理定下來的。

做人要學周恩來，做官要學周總理
　　整場首映，內容寫實，抗戰時期的延安，建國初期的延安，

文革時期的延安，縱橫交錯的史實，有條不紊，感情描繪細膩真摯，現場觀眾不少默默落淚，印證吳衛東導演所說，周恩來的高尚情操，「做人要學周恩來，做官要學周總理」，歷史在說話，周的一生，從商的、就學的……都需要並閱讀人民心中「永遠的總理」，感悟其豐富生命價值的一生。

首映完畢，各與會的嘉賓都希望把握千載良機，與周秉德女士合照，正當鎂光燈忙碌閃爍之際，筆者也提出，在影院大堂有一批中學生已列隊等候，周秉德女士二話不說，馬上前赴影院大堂，展露慈祥可親的笑容，與學生集體合照。見微知著，重視教育、關愛年輕人的樸實價值觀，既是周總理家族繁衍的家風，側寫也是為人民服務的國風傳承。

價值教育混亂失焦失序，又歷史搶白的香港，若能用心看《周恩來回延安》，當別有一番感悟在心頭，獅子山下，家國情懷，逝者如斯，更是不捨晝夜！

（原刊於 2019 年 8 月 2 日《星島日報》）

蔣廷黻的一生

　　中文大學前校長金耀基教授，應國史教育中心（香港）之邀請，將於 2 月 22 日下午假城市大學，擔任名家系列講座之主講嘉賓，講題為〈談中國近代史書寫：重讀蔣廷黻的《中國近代史》〉。以金教授之學貫中西、講學經驗之豐富，設題雖深，想必能淺出，並會帶來獨到的視角，為與會者帶來精闢見解，由此思索，對今天的港情國情自有一番啟悟。

　　蔣廷黻生於清朝甲午戰敗後的 1895 年，敗於蕞爾小國的日本，這是中國外交、內政都自慚形穢的年代，也是莘莘學子要往西洋、東洋求學的年代。蔣於 17 歲到美國密蘇里的小鎮就讀。1918 年，第一次世界大戰仍繼續，蔣以大學畢業生的身分，應基督教青年會的徵召，先赴法國，為大批在法國軍營趕活的華工，既從事通譯的工作，亦為他們反映在異域的憂慮與失望。此一經歷對蔣產生頗大的思想衝擊，弱國在外交與內政上都苦不堪言，亦奠定蔣作為接受西方高等教育的知識分子，一生從未減少他對國家與民族命運的深切關懷。

　　1919 年，蔣進入哥倫比亞大學攻讀博士學位，1923 年畢業，即赴南開大學任教。蔣返國後，儘管被認為是新潮史學派的重要一員，但蔣卻公開宣稱，首要的是重讀《四書五經》、《資治通鑑》

等典籍。可見蔣對研究國學、國史要中、西兼顧之重視。1929年，蔣應清華大學羅家倫校長之邀，出任歷史系主任，蔣出任此職後，網羅雷海宗教古代史、陳寅恪講唐史、姚從吾主元史、吳晗教明史，蕭一山主清史⋯⋯蔣廷黻親自教授近代史及近代外交史。史學精英雲集，一時無兩。蔣日後亦因緣際會，被同宗蔣介石徵召，棄學研而走上外交之路，終其一生，1965年於美國紐約離世。

　　蔣在其著作的總論有言：「近百年的中華民族根本只有一個問題，那就是，中國人能近代化嗎？能趕上西洋人嗎？能利用科學和機械嗎？能廢除我們家族和家鄉觀念而組織一個近代的民族國家嗎？能的話，我們民族的前途是光明的，不能的話，我們這個民族是沒有前途的⋯⋯」建國維艱，中國走到今天，正在正面力證蔣廷黻的要求，是耶非耶？歷史筆筆記載。

（原刊於 2020 年 1 月 21 日《星島日報》）

10 月感言
中華民族偉大的一章

　　10 月，中華民族生存與發展的關鍵月，按歷史時序，先從 10 月 10 日說起。1911 年，滿族統治中華大地的政府，康雍乾盛世，養尊處優；未知西方世界的劇變驟強，虎視眈眈，鴉片戰爭敗於英人旗下，未有振作，以割土讓利換取和平，一而再，再而三，列強蜂擁而至；1900 年八國聯軍入京，瓜分豆割，清政府無外交亦缺內政，苟延殘喘多十年；1911 年 10 月 10 日，各省宣佈獨立，辛亥革命推翻滿清，同時亦推翻數千年的帝制。

　　中華民國成立，列強欺壓未有停止，欺壓咱們的大戶就是日本，予取予攜，今年是五四運動百周年，記的是中國明明是一次大戰戰勝國，戰勝代價是 1917 年前後 9 萬多華工遠赴歐戰場地，參與後防工作，死傷不少。但 1919 年巴黎和會，咱們以戰勝國的身份出席，受盡欺凌，吾土吾民，本屬中國的山東省權益，盡歸日本，荒天下之大謬，印證弱國無外交。日本繼續貪勝，列強繼續在中國坐肥，1931 年瀋陽事變起，中國已開始獨力應付日本侵略。1937 年盧溝橋事變又起，中國以「抗戰」委婉之名進行反侵略之戰。戰爭踏入尾聲，不管是中國有份參與的開羅會

議，抑或沒有份參與的雅爾達會議，中國的國土權益仍然是被動地、繼續由當時最強的美國及蘇俄分贓。

屹立於列強之中

1945 年抗日戰爭結束，中國仍未有真正重光，四年國共內戰展開，百姓再受苦，終於在 1949 年 10 月 1 日，毛澤東在天安門城樓宣佈：中華人民共和國成立，中國人民從此站起來，中國奉行真正獨立自主的外交政策。外交也是內政的延伸，歷史驗證，70 年家國，咱們有政治狂飆及路線錯誤的階段，但改革開放堅持40 年，由此帶來全民 13 多億人口的溫飽，勝於唐代貞觀；綜合國力的提升，上天下地落海的科研、經濟及軍事實力，真正屹立於列強之中，至使以美國為首的西方槍桿，要打中國出頭鳥。

建國 70 歲月，將有史書記錄中華民族偉大的一章，10 月，感念過往、把握現在，中華民族合力創造未來！

（原刊於 2019 年 10 月 9 日《星島日報》）

歷史年度人物選舉
回應五四運動百周年

國史教育中心（香港）主辦的「年度歷史人物選舉」暨「名家系列講座」，進入第二屆。經專家學者提名，以陳獨秀、胡適、蔡元培、魯迅、顧維鈞為候選人，主要回應「五四運動」百周年。「名家系列講座」第一講，請來浸大歷史系年輕講師范永聰博士略談陳獨秀；以及四位香港青年史學家年獎得主，就讀港大的林俊朗、周正賢，以及中大的李謙諾及梁文輝，分別撮述胡適、蔡元培、魯迅及顧維鈞。

「言簡意賅，溫故知新，精采獨到，讓與會者帶來反覆的思索，充分感受歷史的吸引力與趣味。」這是筆者全程聆聽後，對上述五位講者演繹五四人物的評價。

陳獨秀的《安徽俗話報》，掀起白話文寫作的序幕，敬告青年的五項宣言：「自主而非奴隸，進步而非保守，世界而非鎖國，實利而非虛文，科學而非想像。」胡適的杜威實驗主義，批評中國傳統文化的小腳及八股部分，但並未否定整體的深厚底蘊。蔡元培的進士入翰林，本可養尊處優，但甲午戰敗，讓他走向從事教育一生，期望文化改變知識分子，五四、北大，蔡元培成為歷

史的永遠話題。魯迅棄醫從文原因是怎樣？魯迅為何獨愛魏晉文學？這與他明顯的「沙文主義」唯我獨尊的性格，衝突在哪裏？五四運動，外交大失敗而起，怎樣看外交官顧維鈞？其上司陸徵祥一句弱國無外交，道盡滄桑時代，如何月旦歷史人物？

香港研究中國歷史的希望

「五位年輕講者話五四，讓我們看到香港研究中國歷史的希望。」講座主持丁新豹教授說了這句話後，台下出席者踴躍提問，討論熱烈，五位講者分別作出簡要的獨到回應。完會後，筆者有感而發，套用黑格爾的一句「歷史最大的教訓是，人類不會吸取歷史的教訓」，這也是歷史值得研究，並且永遠有趣、永遠「有用」之處。教育現場，誰說歷史是不會重複的呢？

（原刊於 2019 年 10 月 16 日《星島日報》）

國脈流動，兩制繼續

就第二屆「中國歷史年度人物選舉」，筆者致函中、小學校教育同工，鼓勵大家參與。事實上，兩岸三地，香港政制包袱小、自由度大，一向對中華民族感情亦深。獅子山下、東江水流！在這裏辦歷史年度人物選舉，最為恰當。筆者致函學校教育同工，內文如下：

「歷史進行中，踏入十月，香港當下仍然艱難，深盼雨快過，天要晴；也向大家問安與祝福。連月來眾多違法暴力事件，尋根究柢，原因錯綜複雜。但中學生捲入之深，被捕人數之多，對身分認同危機之嚴峻，並由此衍生的憤恨，甚至絕望的亂套價值，超乎預計。實在讓學界憂心忡忡。

不得不承認，部分青少年人的身分認同確實出現危機，學界必須想辦法，有政策落地。國民身分認同的再建構，從知、情、意、行，逐步引入，從認識國史的川流不息，方可有國學可知，能領受中華文化的深厚底蘊；方可有國情可述，明白今天中國之路，走來不易，歷盡劫波，內地與香港，唇齒相依，彼此倍加珍惜！

歷史因緣，造成香港政治、經濟、文化的獨特與生命力。一國兩制，身分認同的價值教育必須推出，不能含糊，也不能急不

能躁，卻需要彼此各就各位，負責任地各自的崗位，重新出發。始終認為，國民教育的基本，在於國史教育。中國歷史演進延綿不斷，有人物、有故事、有豐富價值教育內涵，足為後世典範的人與事，等待發箇中情義，有益世道人心，當更有助國民及文化身分認同。

國史教育中心（香港）主辦，教育評議會等多個團體合辦的第二屆歷史年度人物選舉現在正接受報名，以『五四百周年 —— 吾土吾民，圖強奮進』為主題，專家學者選出胡適、蔡元培、顧維鈞、魯迅、陳獨秀為候選人。現已有近百所學校報名參與，期盼同樣支持，鼓勵師生及家長參與其中。有關資料已上載中心網站：www.cnhe-hk.org，而網上報名亦已啟動。」

從教育現場看，國史延續就如國脈之流動。「一國兩制」的實踐，也只有國脈流動，兩制才能繼續，是情、是理、是法的有機結合！

（原刊於 2021 年 1 月 20 日《星島日報》）

五四運動在香港

國史教育中心（香港）主辦名家講座已進入第二屆，今年是影響中國深遠發展的五四運動百周年，當以此為主題，邀約學者從不同角度探索。上周六下午，陳學然博士以「五四運動在香港」為題開講，原本的大學場地，無法上課，40多位師生乃移往中心的斗室之內，擠得滿滿的，一起揭開五四的一頁頁歷史。陳博士旁徵博引，認真闡述，讓與會人士連筆者在內，獲益匪淺，啟發很大。

歷史沉思並繼續向前尋問

確實，1919年由學生自發的五四運動，既有濃烈的愛國民族情懷，外爭國權，反對日本及列強的侵略；同時，亦在提倡西方新潮的民主與科學，初心淳樸，熱情無私，加上弱國的鬱悶，國人苦思出路，因此，學生以反對《巴黎和約》為號召，迅速得到全國響應，各地掀起自願的、名副其實的「三罷」，罷工、罷課、罷市在陸續進行。而北大學生與示威羣眾激動異常，致有暴烈的火燒趙家樓，雖犯縱火刑事，但有蔡元培校長親自救援、全國民情支持，愈犯事的，英雄形象愈顯現，縱火的，強逼商戶要畫押不能賣日貨、市民不能買，如學生糾察發現，買賣雙方都

要被學生私下懲罰，若遇異見者，必然會用強烈主觀情感口誅筆伐，以至禁錮老師的個案亦有發生。

　　陳博士提及思考五四得失，當中引述不少寶貴史料，其中一條，載於 1931 年的《學生雜誌》18 卷一號，作者伊卡的〈二十年來的中國學生〉：「青年學生，都以不理解革命而參加革命集團，尤其是不能加入革命的戰鬥一事，認為恥辱。學校變成了荒涼的古廟，教室在無言地歎息，然而學生並不悲哀學校的運命，對於灰塵滿架的圖書館，既已喪失寬大的愛情，亦無悲哀的感覺。」這是五四運動後的 20 年，歷史沉思並繼續向前尋問，激情平復，理性能夠說話的回顧。

　　百年前的五四愛國運動在香港，英國殖民政府，祖家在英國，當會「冷靜」處理，想方設法拘捕五四發動者。英國人深諳，容許在香港反日，骨牌效應，香港的中國人，必然反英、再反列強！

　　五四火紅又百年。歷史是過去與現在永無休止的對話！

（原刊於 2019 年 11 月 20 日《星島日報》）

細說王安石

　　多年來一直在想，為何日本人有年度漢字的公佈？想必漢字有其穿鑿滲透力，背後的承托，當是對中華文化的欣賞。事實上，日本於中世紀的文物制器建構，深受我國的影響，年度漢字儼然已成日本人約定俗成的傳統。國史教育中心（香港）成立於2018年，不嫌鄙陋，舉辦首屆中國歷史年度人物選舉。同寅咸認國民教育實源於國史教育，獅子山下，東江水流，深圳河淺，香港內地、內地香港，是血濃於水，從來都是一家人。

　　香港是東西文化薈萃之地，是言論、書寫及出版最自由之所，是舉辦年度中國歷史人物選舉最有優勢的地方。於是，由研究歷史的專家學者選出清末民初的康有為及梁啟超、明代的張居正、北宋的王安石、北魏的孝文帝，共五位堅持改革的歷史人物，供全港學生投選，藉此回應改革開放40周年。結果王安石以高票當選，隨之以王安石為題辦專題研習比賽，壓軸是《細說王安石》舞台劇。舞台劇獲優質教育基金贊助、觀塘劇團籌辦演出，上周一連三天公演，教育局副秘書長康陳翠華女士及首席助理秘書長分別擔任首演及壓軸公演的主禮嘉賓，對參與該劇的專業演藝朋友及眾多中小學生而言，是很大的鼓舞。

歷史精神，不以成敗論英雄

中外歷史皆然，變法改革從來不易，堅持更是艱難，要民眾真正並深入的得益，為變法改革鼓掌，天時地利人和是缺一不可。王安石得宋神宗的信任，興起各項變法，最終失敗收場，歸因複雜。從王安石留下千古傳誦的「天變不足畏，祖宗不足法，人言不足恤」名句，可窺見千年前新法推行的猛烈，思考王安石究竟是貪勝障限，抑或是一份不畏浮雲遮望眼、敢於面對頑固反派的勇毅？

歷史精神，不以成敗論英雄，敢於面對當下民眾，乃至日後青燈燭照、拷問的政治人物，歷史必有紀錄。舞台劇的難度，在於要將有血有肉、有靈魂的歷史人物演活，談何容易。但筆者在現場觀看及民調所得，《細說王安石》是讓幾位專業演員聯同眾多中小學生給演活了。「春風又綠江南岸，明月何時照我還」，傲岸自持的王安石，又是何等的細膩言情。

（原刊於 2020 年 1 月 17 日《星島日報》）

學史五十年
—— 史家與時代

　　國史教育中心（香港）主辦的「名家講座」系列，上周應邀主講的嘉賓是中文大學歷史系榮休教授梁元生教授，以「學史五十年」為題，網上直播，細說學史之路。收看者踴躍，除本港外，來自內地與澳門報名的也不少。兩個小時的 Zoom 演講，筆者因屬工作人員關係，能在現場聆聽梁教授演講，更感內容精采，受啟發之處頗多。

　　梁教授以治史以人（師友互動）、治史以時（時代環境）、治史以書（深度閱讀歷史著作）及治史以心（對歷史研究深情與敬意），細說在香港、美國及新加坡之歷史學習、講學與經歷。「今天，學業成績好的，不會選擇歷史系，但在我的年代並不如是，很多成績優秀的，都會選擇走上歷史學問之路。」梁教授以時空對照的說話，開始細說學史 50 年之艱苦，卻甚具意義的獨白。

　　「能跟上一個好老師，是受益終生。」梁教授說，自 1968 年進入中大崇基歷史系，感恩良師指導提拔，包括王德昭、張德昌、孫國棟及李歐梵等，每位教授都屬大師級，學有專精，良性互動，潛移默化。這使梁教授早萌全情全心走上歷史研究的學問

之路。1974 年，梁教授於中大歷史研究碩士畢業，前往日本京都大學攻讀博士，本是梁的首志願，按學業成績的優秀，主持京都大學面試者亦盛讚梁，但最終因着梁教授堅持釣魚島是中國的領土，緣盡東洋。

歷史學者有為有守，梁的求學之路乃往西走

歷史學者有為有守，梁的求學之路乃往西走，前赴美國加州大學聖塔芭芭拉分校，師從徐中約教授，而徐教授的巨著《中國近代史》（*The Rise of Modern China*）影響深遠。梁在美國亦專攻中國近代史，「同期於西方研究中國近代史的有費正清、劉廣京、張灝、何炳棣、周策縱；哲學及宗教史有陳啟雲……中國文學史有白先勇。」筆者逐一筆錄梁教授口中的名家，時代與學者相激相盪，使人難忘，亦令人嚮往。以梁教授的求學專精，當無負時代，學史五十年，中英學術著作多本。筆者愚鈍懶惰，只曾粗讀《基督教與中國》、《晚清上海：一個城市的歷史記憶》，卻是獲益不少。

下回應邀講者是金耀基教授，同樣精采可期，祝願疫情消聲匿跡，實體的講座得以恢復。

（原刊於 2020 年 7 月 8 日《星島日報》）

不欺暗室　一盞青燈

　　按香港學制，2019 至 2020 學年已經消逝，七月將盡，遲來的暑假終究也來了。回望過去三百多天，這是與別不同的、特別難忘的一個學年，由去年的社會事件，到年初的新冠疫情第一波爆發，病毒稍歇，又來七月初的再一波大反覆。教育局宣佈提前放暑假。學校的中六、小六畢業禮，以及其餘各級的集體散學禮，只能在不違反防疫法規下，各師各法，或在保持社交距離下，仍分級、分班、分時段，戰戰兢兢在實體下進行；或繼續在網上隔空進行；亦有學校索性取消懼怕染疫的實體禮儀，以及無法保證出席率的網上諸般儀式。但對過去整個學年，回校上課無門的學生而言，更期待的是有「禮」可依從，好留個與別不同的念想，特別對應屆中六畢業生來說，中學生涯的青春不再，穿校服只能留作永恆的回望。

　　疫情仍然嚴峻，不能四周外出的暑假，對躍動的學生來說，這是在家的困局？抑或是藉此難得留家獨處的機會，培養慎獨慎思、不跟風，能自我問責的人生好出路？在這個特別時刻，心腦交戰的情勢下，學校悉心教育，仍可產生潤物無聲的引導作用。

　　「網上散學禮，我向在網上參與、佔全校百分之九十七比率的同學，以『慎始慎終』為題，與師生共勉，好好度過不能外出

的暑假，並提出不欺暗室，期望師生都善用獨處的機會，珍惜光陰，好好充實自己。」任職校長的好友與筆者網上交談。

「提出慎始慎終的求學價值，在今天只講自由無限、海闊天空、無限自我亦沒有底線的濁浪滔天裏，是格外重要。而網上散學禮能有百分之九十七的學生出席率，確是難能可貴。證明學校平日的師生關係良好，融洽有序的校園文化的營建，甚為到位，集體管理水準亦高！」筆者立刻回應。「不欺暗室，自立獨處，卻要反躬自省，善用時間，尋知識、找學問，利人利己，愛家愛國，還需要一盞青燈，誰點燈，又如何點燈話平生，順流逆流都愜意，能自發閱讀精品著作，先做劄記，再養就出一個端倪來，這或遠勝於學校的集體學習。」筆者再加補述。

（原刊於 2020 年 7 月 28 日《星島日報》）

「香港故事」常設展

上周六（19 日），丁新豹教授帶領國史教育中心青年組，一行十多人，前往香港歷史博物館，觀賞「香港故事」常設展，筆者有幸隨隊，聽前館長丁教授專業精闢的講解，入目進耳，歷史「舊」知識，總換來新思考。常設展是每所博物館心眼所在，靈魂的承托。「香港故事」從四億年前的自然生態環境、地貌、動植物變遷說起，一直到九七回歸為止。八個展區設計是用心用力打造，都有精采獨到之處。如何在館內豎立 18 米高的樹林，從而介紹 6,000 多年前的動植物，與周邊自然環境相互關係？巨大的岩石，要實地倒模，工程繁複，箇中勞累不為外人道，但看館內的岩石巨柱，幾可亂真，是價值連城。

丁新豹細說香港故事

歷史穿梭，再走到近代香港，整部兩層高的懷舊實體電車，如何先入車，再加蓋頂建築，說易行難。「鴉片侵略戰爭前，來華客死澳門的英國代表律勞卑紀念石柱，日佔時期，高掛在當時滙豐銀行門前的『香港占領地總督部』的木製牌匾，這是館內的獨家珍藏，來之有點偶然卻又是得之不易……」丁教授細說香港故事。

館內既有《南京條約》的複製稿，亦有中英談判、聯合草簽，以至整個回歸的過程全記錄。林則徐的罕見書法真迹放在館內，附有道光皇帝硃批的奏摺，林則徐虎門銷煙，皇帝說是大快人心，高度稱讚銷煙的行為；但當英艦巨炮破城，清廷要簽屈辱的《南京條約》，林就被道光痛罵，流放新疆。從來伴君如伴虎，但愛國愛民的林則徐，仍遺留「為官避事平生恥」的脊樑名句，明知政治險，偏向政治求，民眾幸福、民族尊嚴常在心頭，劍及履及，鴉片是病民害國之物，當然要銷。這是國之大臣為官要守的大道。歷史故事，繪影繪聲見人面，蘊含豐富情義，掉頭不顧情義，只知鞏固、追求當下權力與名利，不管當下如何「成功」，到頭來總是萬事空，道光皇帝與林則徐的分野明顯。

　　歷史博物館「香港故事」常設展，經已 20 多年了，正面對回顧與再次創新之年，10 月 19 日起將閉館一段頗長時間，藉以進行具實質意義的大裝修。閉館距今不足一個月，師生們應趕緊前赴歷史博物館，用亮晶晶的心眼，再看要暫別的「香港故事」，留個念想。時代巨輪向前，歷史顧後，怕的是新貌不勝舊顏。

（原刊於 2020 年 9 月 23 日《星島日報》）

歲月不輕放　情義教育在

　　近月與一些教育團體、辦學團體的代表，談香港教育要往何處走、要怎樣走。都是教育有心人，不管時代是需要小變抑或大變。但萬變不離其宗，學校一切的教育，最終目的就是要以學生為本，多方培育，毋負學生也毋負時代。

　　彼此聚談中，求同存異，相同的一個重點，就是一國兩制、五十年不變，已走了近一半時段。從一國與兩制是連體不能切割的前提看，過去 23 年，香港學校的政策規劃、課程考評設定、校內外的教育推動，對如何認識一國是兩制的磐石、如何認識國史、國學及國情，確實都掉以輕心。教學專業前路，有必要重新思考，部署落實「三國」的教育。在教師培訓專注上，「三國」的知、情、意、行，教育局是責無旁貸，務必與教師同行，給予最大的支援，齊心事成。這對眾多學生的民族、文化、身分與國家認同，將起關鍵作用。

　　推動「三國」教育，國史教育中心（香港）一向提倡 4E 的結合，即教育（Education）、參與（Engagement）、經歷（Experience）及獎勵（Exposition），由此，致力賡續國史、國學及國情的認知與傳承。在這斗室內，同工十分重視的「年度中國歷史人物選舉」已進入第三屆，蒙眾多教育和辦學團體及傳媒機構協辦，雖在疫

情反覆纏繞之下，但全港學校師生參與投票較去屆更為積極。經獨立機構統計，執筆之時，參與投票中小學校達 263 所（去屆為 106 所），總有效票數為 54,630 票（去屆為 24,993 票）。

中國醫學與科技人才輩出

事實上，中國文化粲然長存，醫學與科技人才輩出，成就良多，古今中外影響深遠。國史教育中心邀請專家學者，以「科教興國，經世濟民」為年度主題，推舉東漢張衡（天文）、南北朝祖沖之（數學）、北宋沈括（曆法）、元朝郭守敬（水利）及明朝李時珍（醫藥），讓全港學生先通過中心出版的教材，由認識至最後票選心中所敬所愛的，成為 2020 年的「年度中國歷史人物」，本周六下午，幸獲教育局常任秘書長李美嫦女士，前來揭曉最終誰人膺選。

鼓勵全港師生選出自己認識的年度歷史人物，由籌備到最終結果公佈，超過半年的長時間，在這段繁忙的時空裏，有兩句說話，常常縈繞筆者心間，就是「歲月不輕放，情義教育在」。

（原刊於 2020 年 12 月 16 日《星島日報》）

2021 年歲月靜好

　　2020 年世界幾乎每一角落，光纖秒速資訊已迅達，有人到也就有世紀新冠病毒到。愈傳愈變種，無眼的疫情，無孔不入而又「平等」地肆虐全球。哪裏輕忽，哪裏疫情就變得更嚴重，人命也就更沒有保障，這是已去的 2020 年世情紀錄，就看人類能否記取慘痛教訓，痛定思痛，再覓新路向，重新再來。

　　香港作為全開放的國際城市，新冠病毒如獵鷹眼般俯瞰獅子山下，狠抓着陸赤鱲角，當然不會放過維港兩岸。疫情反覆，風急浪高，整個香港無法不受衝擊，至今依然嚴重，居家工作、居家網課學習，居家的日子被逼愈來愈多，逐漸顛覆有家就有溫暖的傳統價值。一個「攬」字的帶頭啟動，勾起 2020 年香港很多不愉快，甚至是莫名的、鬱悶的，乃至恐懼的回憶，猶有餘悸。

　　2020 年，前有烽火，後有疫情，雙雙脅逼這彈丸之地。香港是以受大破壞的校園、商場、銀行、餅鋪、街道、交通設施等的頹唐撕裂之軀，再要抬頭挺胸，面對世紀病毒的襲擊，從這軌跡勘察，香港如此面對疫情的全覆蓋，元氣不足，確實難作更大的苛求。

宜全民大檢測、全民接種疫苗

世界各地疫情依然動盪不安，新染疫及因此而喪命的人數仍然高居不下，當傷亡的人數化作每天「新聞」報道的速讀數字，而這人命攸關的「數字」經已再無能力引起政府與民間社會的重視，人的生命價值就如花瓣般零落，這是對號稱文明社會、人道關懷最大力的掌摑。

從醫學、科學及生命教育角度看，全民大檢測、全民接種疫苗，是驅趕疫情、對抗病毒纏擾的不二法門。說實在，影響羣眾最大的新舊媒體，向全民呼籲響應是應有之義、手執公器的應盡之責。但過去一年，香港媒體報道的每日重點與焦點又是甚麼呢？或許，家庭、學校、社會乃至國家也要思索，教育的本質又是甚麼呢？

2021 年經已啟動，筆者祈願新的一年，是敬慎生命、歲月靜好。

（原刊於 2021 年 1 月 6 日《星島日報》）

心燈與青燈

　　新冠疫情反覆，「課堂教學」要有範式的轉移，如何教、怎樣教、哪裏教、教些甚麼，評測標準又如何？都不得不重新再來。校內校外的「非正規」教育，也不得不變。

　　由港大中史碩士同學會主辦，國史教育中心統籌，以及眾多團體合辦的「香港青年史學家年獎」暨「全港中學中國歷史研習獎勵計劃」，延期之下，終與疫情妥協，進行網上頒獎。令人鼓舞的是，眾多參賽的老師都聯同學生，於網上接受視頻頒獎。

　　「疫情陰霾高踞，主辦單位由實體頒獎改到網上進行，網上頒獎，事前準備各項工作，量質要求都不下於實體，但我們完全未曾想過取消頒獎禮，只管用心用力做好，既要防疫，亦要用誠懇的頒獎，讓積極參與的師生獲得最受尊重的回報。」

中史教育怎樣吸引年輕一代

　　「教育局推行中史初中必修，坐落西九的香港故宮文化博物館快將開館，香港與內地、世界其他地區的文化交流愈趨頻繁，這時候，更要重新思考中史教育應該怎樣走下去、怎樣吸引年輕一代。」是日主講嘉賓、美國普林斯頓大學藝術與考古學系博士的李建深教授這樣說。「若然要接觸文物，現在流行的方法是通

過實地、實體接觸。但實地展出的日期與場地局限很大，因此，3D 技術的應用就會產生極大的作用，參看與被參看的，師生空間的互動、轉動，乃至『接觸』產生的趣味性就會截然不同……」這位年輕的學者再補白。

三位中學中史科成績優異，現已在大學就讀的應屆青史家得獎者，分別是謝穎豪、關浚鋒及林嘉澔同學，都有五分鐘的演講發表，「史學根柢強，情理兼備，虛懷若谷，滿懷對學校培育的感恩，對未來學問與人生目標都畫下清晰的藍圖。」這是筆者對三位年少不輕狂的年青史家的看法。

期望心燈與青燈繼續燃亮，讓那些擁抱情義、踽踽獨行的，卻明白香港、國家與世界連體的重要，又喜愛歷史故事的師生們，一起攜手，走上有趣的歷史學習，乃至願意在浩翰的、寶貴的歷史學問裏，鍾情一生，走研究之路。

（原刊於 2021 年 1 月 20 日《星島日報》）

「根」的教育，源頭在哪裏？

中國歷史「五四運動」一百年後的 2019 年，對所有關心與愛護香港的各界人士來說，腦海會浮現不安與不快，再定格成一頁痛苦的歷史！對參與違法與暴力而被補，被控告的，特別是眾多年青人來說，是讓人難過的，而「清醒」煽動點火的，又口甜舌滑的政客竟說，被補被判入牢，將令人生更精彩！果然，2020年元旦，亂事依舊，違法達義的眾人事，又遍地開花，先是「和平」遊行示威，隨即對準目標打砸縱火，又一大批青少年因違法被逮捕，擇日會被檢控，稚臉青少年，學歷、閱歷、經歷都淺，為何如此仇中反共，要用坐牢、捨命相搏？

悲歡離合，總有因由。2003 年，香港特區政府要進行 23 條的國家安全立法，引發首度七一大遊行反對立法，響起對一國質疑的第一炮，隨後，中港關係開始緊張，香港亂象日益嚴峻，原因是千條萬條，但不庸諱言，學校全線教育，連大中小以至幼稚園的教育確實出現問題，問題的焦點，是在課程上、師資培訓上，乃至學校的管理階層上，都未有認真地、全面地認識「根」的教育的重要。「根」者，國史、國學、國情三合一的教育之謂，「三國」的教育也可籠統稱做國民教育，這是錢穆先生所說的，凡一國之民，當對一國之歷史要有初步的認識和了解，一國之民，

對本國的歷史當有溫情敬意，同情與諒解。筆者深信，在香港推動國民教育之根本，實源於國史教育（香港向稱中國歷史），惟有從國史的演變，於川流不息的長河裏，方有國學（中華文化）可述，九流十家、精彩萬分，正如唐君毅先生在《與青年談中國文化》結論所言：「中國文化之精神表現，於倫理道德文學藝術宗教學者，都原有極可貴之處，而且這些精神擴而充之，可作為人類和平，世界新文化之創造基礎」；也惟有從國史演變中，方有國情可知，十年文革錯事讓人扼腕，但四十年改革開放是大好事，國力全面提升，更重要的是，全民小康有望，使人振奮。

改革開放第二個四十年在開展中，內地是蓬勃興旺，但一國兩制下的香港，發展情況卻讓人惆悵失望。2019 年的政治狂飆，暴力橫生，大學生、中學生乃至小學生「自然」介入，外圍情勢複雜，但對部份熱情激情的眾多「無私」學生而言，認識國史與世情卻愈趨簡單，只要引吭反中反共，多喊幾聲「支那」，多舉幾次「港獨」旗幟，舉頭三尺就是一片藍天，香港就有很好的未來，複雜事情簡單化，順藤摸瓜，主線就是，大部份學生對國史、國學、國情一知半解，再被網媒、紙媒、社交平台片面的，甚或虛擬製作的資訊強力扭曲引導，中國大、中國惡的嚇人訊息不斷加持，反中與反共的價值連成，於是，反「警暴」「特區政府」以及反「中國政府」就手就口地湊合在一起，高唱「革命」之歌，感覺十分美好！

一國兩制之香港，一國就是中華人民共和國，簡稱中國。中國人之於中國史，正如美國人之學習美國史一樣，主體不可取代！歷史記憶和歷史體驗是樹立國家觀念和民族意識的主要途

徑。祖國的認知與愛國的情感，都只能產生於歷史的過程之中，並由此萌生的愛慕之情。另一逆向，就是民族的衰敗，國家的淪亡，往往由於國族歷史教育的模糊，導致民族凝聚力和民族精神的喪失。此乃龔自珍先生在《古史鈎沉論》的吶喊：「預知大道，必先為史，滅人之國，必先去其史，隳人之枋，敗人之綱紀，必先去其史！」早在英殖年代的 1904 年，時為香港皇仁書院（前身為香港中央書院）的黎碧臣博士（Dr. George Bateson Wright），已在工作報告毫不含糊地指出：「基於政治考慮，我強烈反對教授中國歷史，因這樣，會把香港變為大陸革命分子的溫床」。時間飛逝，九七回歸，一國兩制的香港，焦點在兩制，完全未有正視認識國家的重要陣地，必須在中國歷史教育裏啟航，要知、情、意、行，一步一腳印起動「根」的教育，藉此加強國民身份與價值認同，但其時的課程發展處，倒是將通識教育科高高舉起，國史教育低低放下，連初中階段的中史獨立成科都可打散、切割、合併於其他的學習領域裏去！香港學生的國民「身份」漸漸被剝奪而不自知。

　　既往不究，來者可追，國民教育就是國族身份與價值認同的教育，毫無疑問，種籽是要往國史教育裏栽種，不張狂、不走捷徑！的確，各學科自有其教學內容，亦會培育批判能力（Critical Thinking），但作為國人學習的國史科，不管左批右判到怎樣無邊無際的境界，唐君毅先生所言的花果飄零，最後必會回到落葉歸根處，這是中國歷史科的獨特可貴且不可取代之處。

　　2020 年又被時代推動，如何演繹歷史？總要不忘當年今日。要呈獻的，究竟是時代精神，抑或要指出時代的局限。香港，確

實早已回歸中國，但英殖年代崇拜西方文化與價值依然濃重深厚，從國史、國學以及國情的教育角度看，也就援引著名英國歷史學家湯因比，早於半世紀前的預言：「以中華文化為主的東方文化和西方文化的相互結合，將是人類最美好和永恆的文化。人類要想解決 21 世紀的問題，必須到中國的孔子思想和大乘佛法中吸取知慧。19 世紀是英國人的世紀，20 世紀是美國人的世紀，而 21 世紀是中國人的世紀」這番「過時」的話，對香港各界乃至學校部份師生而言，是不知不信？不瞅不睬？甚至認為不值一哂！但對當今仍然是最強的美國人來說，卻是相信湯因比預言的，否則，美國不會如此全方位的、呼朋引輩的打壓中國，但歷史的順流發展，很多時候都不以任何強橫的意志而轉航，最後以「根」的教育在哪裏？既提問亦作結。

（原刊於 2020 年 1 月 4 日《信報》）

世紀疫情篇

學校復課的日子

疫情的變化較預期複雜，影響波幅很大。「密切觀察，聽取醫學及科學專家意見，隨時作出應變，同心合力，健康與安全至上，彼此不分你我，共渡難關」，這是積極的防疫、抗疫思維，思維決定了政策，再展開有效的行動。

教育局上周聯同考評局召開聯合記者會，公佈因應疫情的兩個應變方案。這是敢於面對疫情，能夠負責任的一份承擔。必須承認，香港的普及中、小學教育，依然是考試導向。凡影響考評的，學界各個持份者都十分關心。

若未能復課，教育局及考評局應及早公佈

當局提出有彈性的應變方案，除部分科目考試延期外，大抵依循原有考評日程與路綫進行，當中包括在中學文憑試裏面，耗時最長最多、疫情傳播風險大的中、英文口試亦照常進行。此方案是建基於 3 月 2 日可以復課的前提下設定，但依目前疫情看，該天能否復課，仍有矛盾之處：其一，雖有實證數據，認為內地的感染高峰期已過，但世衞卻認為是言之尚早；事實上，內地的感染個案，特別是廣東省、深圳，仍處於高水平。其二，香港幾乎每日仍有新的感染個案，政府已採取由內地到港人士，除特殊

因素獲豁免外，必須作 14 天的檢疫隔離政策，而醫管局也正在考慮增設隔離中心和疫症診所。

因此，全港復課的日子，應要認真考慮上述情況，方可成事。若然不幸地，3 月 2 日未能復課，教育局及考評局應及早公佈，早前說有可能實施的第二方案，即文憑試整體延後、小學呈分試取消等措施就要推行，讓學界及早再作準備。

無論何時復課，政府應在 100 億的抗疫基金中，及早撥出款項，讓學校添置足夠的防疫設施，如洗手水龍頭（沙士時學校獲撥款裝水龍頭）、足夠的口罩、消毒用品（酒精）、探熱設施等，解學校燃眉之困；衛生署也應為學校提供新的的防疫措施指引。再說，根據國外個案，旅遊巴士是其中一個交叉感染的地點，運輸署及衛生署應為校巴的防疫措施提供指引。

生於憂患，疫病肆虐，願大家同心抗疫，共渡難關。黑夜的盡頭，必是黎明。盼望能早日安全復課，師生笑語連堂。

（原刊於 2020 年 2 月 12 日《星島日報》）

疫情肆虐　得失寸心知

　　新型冠狀病毒爆發，影響依然暴烈，湖北武漢最嚴重，方圓十公里、百公里乃至更遠的地方都被波及。病毒無情無眼入侵人類，受害的人類除以醫學和科學與之拼搏外，更重要的是發揮相互守望，團結起來，設法防疫與抗疫，共渡難關，等待病菌聯同病魔與死神離場，黎明再來。

　　武漢封城抗疫，封不到人性善良、守望相助。一方有難，八方支援，各省市及軍方的醫療人員從四面八方，進駐武漢，醫療物資、糧食用品亦以武漢為先，陸續輸入。中國境外援助的力量亦相擁而至，武漢加油、中國加油，不絕於耳。再險的疫情，總會過去，那一天，是友情、親情、人情、大愛，可以脫掉口罩，高聲吶喊的一天；是對捨生扶危救命的醫護，引吭高歌頌讚的一天；是對國際友人連聲稱謝的一天；也是總結抗疫成功，眾志成城，要將寶貴經驗綜合積存，珍而重之！

完全不理會抗疫的大局

　　回看香港，若將武漢視為第一級重災疫區，逾千人喪命，香港應納入第三級疫區。執筆之際，香港確診 57 宗，1 人死亡。香港醫療入先進之列，彈丸之地，好好攜手防疫，疫情當可更快

受控。但讓人費解的是，政府提出在哪裏設立檢疫中心，那裏都有區議員聯同區內乃至區外人士，舉行示威，提出反抗，部分區域更有縱火、堵路等示威的暴力出現，完全不理會抗疫的大局。

同一天空下，新型冠狀病毒與 17 年前的「沙士」病毒，一樣會有老化無力傳播一天。憶苦思甜，2003 年香港抗疫，充分呈現醫護的無私大愛，港人的良善、合作，堅忍的、等待黎明的精神，亦清楚顯露，香港的歷史早已載錄這美好的一章。但 2020 年新型冠狀病毒襲港，香港歷史將會記錄的是甚麼呢？是特區政府不肯完全封關，數千號稱醫護的，就在疫情嚴峻、病人在在需要幫忙的情勢下，進行罷工？是各區都反對設立檢疫中心？是自救、自保？抑或是自私、自大？

人在做，天在看。瘟疫肆虐，否極泰來，災後重建，得失寸心知。

（原刊於 2020 年 2 月 19 日《星島日報》）

英雄　英烈　英魂

蒼天無情，瘟疫仍纏繞中華大地，白衣有義，守護一批又一批感染者的同時，血肉之軀，站在最前線的醫生、護士，同受感染，一個又一個的精英，傷亡倒地，誰無父母，噩耗傳來，欲哭無淚。

最受瘟疫死神操弄的，受害最深的，就是鍾南山院士忍着淚水，說出的英雄之地——武漢。抗疫至今，付上寶貴生命的醫護人員，名字由內地媒體逐一公佈，聞者傷痛。劉智明醫生，51歲，武漢市武昌醫院院長，以身作則，真正走在最前線；李文亮醫生，34歲，武漢市中心醫院眼科醫生，武漢瘟疫傳播危機將會爆發的吹哨者；柳帆護士，59歲，疫情湧至，毅然申請延長退休，留院幫助醫生、病人與病毒搏鬥，不幸被感染，最終不治，而柳的父母及親弟，亦同遭厄運，列入確診不治的名單上……重災區的武漢，疫情仍然嚴峻，繼續有命喪的醫護人員的不幸消息傳出。蒼天無情，只能無語問蒼天。

走出死蔭的幽谷，驅走荒涼的猙獰

朋友傳來內地一則疫情新聞專訪，受訪對象是來自上海、主動請纓前往武漢金銀潭醫院支援的一位年輕護士，名字叫吳怡

穎，她在醫院的深切治療部看顧重症病人，病毒凶險。近日，吳負責的八位患者裏面，就有五位離世，吳只能懷着沉重的心情、默默悼念的同時，別無選擇，要再提醒自己，好好看護有希望的、生還的，受感染的重症病患者。但在吳的微博，卻見有如下的留言：「如果不是竭力對抗嚴冬，就不會感到春天的溫暖。待到山花漫爛時，我們步出街頭，繁花與共！」醫護大德大愛，人間處處有愛的影蹤。焚香祝禱，寄願在同一天空下，那些毋忘初心、捨己為人的醫護們，在救急扶危的情切之下，萬分注重個人的健康，免受病毒的感染。

己亥退，庚子趨前，流水飛逝。人，只能活世一次，辛亥的武漢，革命成功。百載風雲，事過不境遷，青燈高照，這裏已成英雄之地。2020 年，庚子武漢瘟疫肆虐生靈，來自各省市聯同當地的醫護人員，前仆後繼，趕赴支援，守着病人，與死神作生死搏鬥，犧牲的英烈、英魂必會在這英雄之地，帶領武漢乃至全國的人民，走出死蔭的幽谷，驅走荒涼的猙獰，步向黎明，再見朝陽。

（原刊於 2020 年 2 月 26 日《星島日報》）

跨境生　香港教育夢

　　據聞應屆 DSE 考生中，有三人仍然滯留湖北。教育局局長楊潤雄上周公開表達會盡力幫忙，讓他們及早搭上包機，趕及在 DSE 開考前的 14 天返回香港，能有較鬆動的自我隔離，安心準備應考。

　　中華大地，萬水千山，血緣血脈相連，自古東西南北穿梭，人情往還不絕。因緣際會，香港地運風光獨好，早攀國際城市層級。經濟好，教育亦好，香港的教育確實曾長時期領先內地絕大部分城市，各大學至今世界排名亦在前列。自由、安全的學風，內地各市艷羨，乘着國家改革開放之風，不少家長都願意把子女送到紫荊之地升學。不幸地，今學年上學期，因着社會的動亂，學生自由無限，大學校園破壞，全港學生上課卻甚是艱難。好不容易待到社會動亂稍歇，卻又遇上新型冠狀病毒大傳播，至今仍然停課。近日疫情稍緩，教育局以教育及學生為本，宣佈中六學生的關鍵戰 DSE 如期開考。

跨境生入境須有 14 天的隔離

　　因着防疫條例，跨境生入境須有 14 天的隔離，因此，教育局、入境處與衞生署有必要加強聯繫，統計參與 DSE 的跨境生

人數，特別是有多少在港無居所、無親朋戚友幫忙，未能覓找地方暫住，需要作檢疫及支援的考生數目與狀況，並於香港、九龍及新界各商借一所能提供足夠房間的營舍，再聯繫各相關學校，作出輔導及支援工作。考評局公開指出，在疫情嚴峻情況下，考生因特殊情況申請免考，接受學校呈交校本評估成績，但最高只能取得第五級成績，有關措施還是有待商榷。特情特事就應特辦，譬如學生在校內該科成績排列最高，該校在該科其他能應考的最佳成績是 5**，評估因疫情無法應考的校內尖子生，也應給予 5** 成績。大學收生部門也應考慮因疫情對受影響的學生，予以特別處理，如准予面試或接受校長推薦等。

「按我女兒的實力，必考上三大，希望不要因疫情政策而有阻礙，雖然香港今天有點亂，我仍相信香港的大學教育，正如我六年前規劃女兒，由深圳到香港唸書，就因為相信香港的中學教育。」上周，一位家長在深圳致電向筆者訴說。跨境生，同織香港教育夢。願在今個學年，全港的學校，顛簸裏見到更大的生機。

（原刊於 2020 年 3 月 4 日《星島日報》）

由 EMock 到 DSE

新型冠狀肺炎繼續侵襲，蔓延全球，幾乎國國區區都有份，這已是不爭的事實。究竟是團結面對，人人抗疫有責，抑或是裝聾作啞、諉過於人，以阿 Q 精神應付，兩條路，任由病毒選擇。今天，疫情雖然膠着，但生活有必要在防疫的警覺下，逐步恢復正常，否則，無生產，就無資源可以對抗一波一波衝着人類而來的款款狡猾多變的病毒。

庚子年，閏月還未見雙春，因着社會動亂事件，全港學校已由去年 11 月中旬起，有近兩星期的停課，但電子遠距離授課並不流行，基本上，停課就停學的了，但從本年 1 月 25 日起，因病毒傳播之勢未見舒緩，生命攸關，教育局幾度宣佈停課復停課，最新公佈是全港分階段復課，不早於 4 月 20 日，而中學頭等大事的 DSE 公開試，第一科暫訂於 3 月 27 日開考。

形勢迫着全港有責任的師生，電子遠距離教學必須擺上書枱，師生進行學與教的互動，ELearning、EMock 統統都來了，可用的軟件都用了，停課不停學也被賦予實質的意義。E 者既可指 Electronic，亦可說是 Emotional。「平日在課堂要學生『坐定定』經已甚艱難，現在要他們在家來次各科的 Emock，簡直天方夜譚，我校可以解決電腦轉播的技術問題，但不能處理人的責任

問題，因此，學生上課，DSE 之前的 Mock 也就不舉行，用上學期平時分當做畢業考試分就算了！」一位校長朋友如此說。「我校有進行 Emock，全體中六學生都有按時參加，也按時呈分，不敢說達到百分百的公正，但學生能在應考 DSE 之前，有一次認真的實戰的機會，效果還是不錯的」另一位校長好友向筆者說了這一番話！

香港教育史上，將會紀錄 2019-2020 學年的種種，由社會動亂的暴烈到新型冠狀病毒的纏擾，雙管威嚇齊下，形勢嚴峻，學校如何自處？校園管理、師生學教互動、DSE 的考核……總得要驗證學界各持份者的 Intelligence Quotient 即 IQ（智商）、Emotional Quotient 即 EQ（情商）、Adversity Quotient 即 AQ（逆境）！「想不到，今年是真正考牌的一年」臨近退休年的校長如是說。

（原刊於 2020 年 3 月 10 日《星島日報》）

天涯若比鄰

　　新冠肺炎仍然猖獗，從早前肆虐武漢，再到如今蹂躪歐美，都讓人發憂起愁。各國各地的政府施政，因着人命攸關，一切以抗疫為主軸。過去兩個多月，武漢疫情是淒風苦雨，疫亡疫傷的個案日甚一日，蒼天無情，中華大地有愛。武漢咬緊牙關，作出封城決定，2,000萬人口不出走、不傳播病毒，各省各市的醫療人員，從四方八面馳援，用心用力幫助武漢脫離難關，兩個多月以來，患難見中華民族的手足相親，風雨同路。中國以外的美國，竟有高官拉高嗓子，說中國疫情致資金與人才都會撤走，這是美國工商業發展的好時機，幸災至甚。又有美媒時事論壇節目，主持人一口咬定，毒源在武漢，中國要向全世界道歉云云。

　　疫情繼續發展，中國各省市連港澳地區，經政府聯同民間的合力，疫情基本上得到紓緩，各地都陸續一邊復產、一邊繼續抗疫。與此同時，不斷有醫學及科學資料顯示，新冠病毒的來源難以證實。說着說着，東亞的韓日，中東的伊朗，歐洲的意大利、西班牙，乃至信心滿滿、自尊自大的美國，亦無法抗衡反覆循環的新冠病毒侵襲，要宣佈全國進入緊急狀態。

外國未有吸取中國全體抗疫的傷痛卻又甚寶貴的經驗

　　當疫情「震央」轉移，歐洲及中東一些國家，顯然因抗疫資源緊絀，醫療人手匱乏，集體抗疫的意識低落，未有吸取中國全體抗疫的傷痛卻又甚寶貴的經驗，以致死亡及確診人數全面急升，情況讓全球憂慮。中國眼見及此，在自身疫情稍為喘定之際，毅然派出醫療人員，以及仍然匱乏的防疫用品，趕赴意大利、日本、伊朗，韓國等災區。多幫忙少說話，是中國向來承擔國際義務救災的踏實作風。筆者想到，過去十多年，中國承擔的國際義務，無論是聯合國的維和部隊，各個醫療、環保、衛生、天文、科研等國際公益活動，人力與物力的投入，是老老實實的從不欺場。中國的總體經濟力量並非世界第一，但國際公益是默默地巨額付上，原因在哪？這是回應國家近年提出「生命共同體」的有力實證，亦是對「天涯若比鄰」的古舊優良文化，發自真誠的呼喚。

（原刊於 2020 年 3 月 18 日《星島日報》）

同心協力　繼續防疫

上周六，教育局公佈 DSE 延期開考，並取消中英文科口試。從防疫大局看，從師生安全角度看，特事特情特辦，這是適時適切的、具針對性的措施。

現時定於 4 月 24 日開考，距今一個月，教育局及考評局可爭取更多時間，為防疫與考評不可分離的艱巨工作，作更好的部署。首先，在商借考試場地方面，早前已答應用作試場的學校，盡可能應繼續借出。另一方面，香港各大學的大小課室，4 月 24 日之後，依然是人去樓空，考評局可主動作出申借，而政府資助的各大學，疫情之下，更應有責任承擔，借出課室，以作 DSE 試場之用，對減低考生過於聚集在狹小的中學裏，起着很大的防疫紓緩作用。

是次疫情屬全球性，蔓延時間長，影響面積廣，直接間接乃至受波及的人很多，從心理及情緒的層面看，幾乎每個人都印上深淺不同的烙印，為人為己，說寢食難安、人心惶惶不為過。特別對年長一族、患有長期病患，特別是處於懷孕期間的，都屬高危一族……入此圈內的老師，應予豁免當監考員。因此，考評局應及早謀劃，多爭取合適人士當監考員，從而確保監考有人。還是從防疫再看，考評局對試場、評核閱卷中心的安全措施，亦須

以零交叉感染，作為佈置的標準。

壯士斷考，為的是師生安全

教育局公佈 DSE 放榜不遲於 7 月底，筆者樂觀其成，亦盼疫情的第二波衝擊，病毒能早點離港消失。但即或 7 月底可公佈 DSE 結果，大學收生程序若要妥善處理，開學日期將無可避免要延後，教育局與大學應及早商議並作出決定，讓各持份者都有充足的心理準備，並付以行動部署。

因着第二波疫情嚴峻，看着歐洲各國乃至美國的病毒散播，特別是意大利、西班牙等地造成的傷亡慘況，教育局宣佈取消 DSE 中英科口試，壯士斷考，為的是師生安全，大局着想，無可奈可。但在自由與權利滿瀉的香港，部分學生及家長始終認為有不公平之處，因此，教育局、考評局乃至學校，仍有必要，一起深入淺出，以可用的渠道，再作解說，從而帶出「同心協力，繼續防疫」的大前提。

（原刊於 2020 年 3 月 25 日《星島日報》）

通勝　疫情　庚子年

　　新冠肺炎病毒繼續襲擊全球，年初至今，肆虐更深，全球抗疫之法，只能全球合作，無分東西南北，不理會膚色種族，拋開政治立場、意識形態，發揮同生共體的崇高精神，在醫療技術、抗疫物資，以互通有無的落地實質幫忙，這樣的精神與行動，缺一不可，才能合力戰勝瘟神。

　　香港，今天仍處於疫情反覆威脅的病毒傳播圈裏，任何個人自由的意志與行動，都要卸下戎裝，且必須服膺於衞生防疫的管控措施之下，共同對抗傳播力甚高的病毒，不能掉以輕心。

　　仔細看 2020 年庚子年，按中國曆法數算並預測人運地運的《通勝》，雖云是雙春閏月宜嫁娶，但再看其中〈地母經〉一欄，有如此預測的短句：「人民多暴卒，春夏水淹流，秋冬頻饑渴，高田猶及半，晚稻無可割，秦淮足流蕩，吳楚多劫奪，桑葉須後賤，蠶娘情不悅，見蠶不見絲，徒勞用心切。」筆者讀不懂《通勝》，但很深的記憶，小時候，祖母每逢過新年前，都要買一本，以求新一年的運程，讓它指點迷津。

我國痛史裏最痛的年

　　「見蠶不見絲」夠讓人憂心的了。又從統計學算算，天干地

支配對，六十年甲子一個循環，1960 年庚子年，香港有李鄭屋大火、有颱風瑪麗正面吹襲，死傷很多，內地更有大饑荒，哀鴻遍野；1900 年庚子年，香港天氣反常，竟在 11 月 10 日清晨，颱風急泊，幾小時的庚子颱風吹襲（其時未有颱風命名制度，以年份稱之），捲走 60 多人的性命，至於內地，庚子事變，八國聯軍入侵，對中國而言，更是舉國的災難，民族尊嚴掃地，經濟民生滑落谷底。這年，是我國痛史裏最痛的年。

返回今天的香港，暮春 3 月雨水旺，濕潤天氣挽留病毒，庚子疫情帶來的民生蕭條逐步浮現，如何走出陰霾，只有攜手抗疫一途，再沒有別的選項。近日，中國抗疫得以喘定，感同身受，積極援助各國，而在運送到日本的抗疫援助物貨箱外面，寫上「青山一道，同擔風雨」，這是唐代詩人王昌齡的詩句。全球人也唯有這樣，方能面對全球性的瘟疫，同心攜手共步，一起樂觀面對凌厲險惡的庚子年。

（原刊於 2020 年 4 月 8 日《星島日報》）

DSE 考場配對計劃

　　教育局局長上周公開表示，DSE 很大可能於 4 月 24 日開考。從應屆考生及其背後眾多學校教育持份者角度看，確實希望如期開考，免得再有折騰。試後亦要有系列工作，如閱卷、評卷、排列並公佈成績，以用作甄別考生，以為進入本地及海外大學之用。執筆之際，連續兩天的確診數字，只是雙位數字的最低位，且幾乎是由外來傳入，這為如期開考提供良好的條件。按特區政府抗疫督導委員會專家顧問的意見，若確診人數下降至個位數，DSE 開考無虞，因存在的感染風險很低。筆者衷心祝願，樂觀其成。

　　事實上，即或疫情並未全面向好，4 月底開考不成，5 月、6 月或 7 月都應開考。除非疫情到 7 月仍處於病毒亂飛的兇險，DSE 才不得不走向「英國式」的決定，改以評估取代。這是沒有選擇的選擇。

兩個不能迴避的問題

　　從要考量學界持份者期望開考，又要兼顧防疫安全需要，DSE 開考在前，兩個問題是不能迴避：其一，防疫物資是否足夠？家長、學校及教育局都有責任張羅，但權大財大的政府，自

要承擔多一份的責任，現時準備情況如何？

其二，考試場地的人數區隔，考生之間如何保持 1.5 米，甚或更寬更安全的 1.8 米距離，以免相互接觸感染，同時亦確保若不幸有考生確診，同場其他考生不會被視為緊密接觸者，免遭到隔離 14 天的命運？就此，教育局及考評局必須盡快設定「考試場地配對計劃」，由政府跨部門協作，讓考評局商借更多場地，即在原有試場四周，配對附近的小學、社區中心乃至大學，讓每位考生的區隔，能完全享有一點五米以上的距離，而每個考場的總人數限額，不多於 100 人。

最後想借此一角，為受到頗多折騰的、卻天天都在準備應考的考生送上祝願，也送上老套的一句話「生於憂患」，念念不忘又肯付出的，必有所得。另外，對一些守株待「不考」的、老師網上補課總不出席，卻又不自律緊跟考試進度的中六同學，也奉勸一句，考生積極準備應考是一份應然的、不能逃避的責任。決定人生的前路，當然不是公開試成績，卻肯定是努力的、全程全情要付出的人生態度。

（原刊於 2020 年 4 月 14 日《星島日報》）

DSE 開考之後

　　由去年的社會動亂，至今年的新冠病毒蔓延，香港經歷風吹雨打，較其他城市多一層的傷害，今屆 DSE 考生先經歷揭不盡的防毒「豬嘴」社會事件，接棒而來的是，人人要過着滿城戴「口罩」的日子，情緒波動，可想而知！

　　考生如是，學界各個持份者莫不如是。事實上，整個學年客觀環境的變化，幾乎天天都有「新意」，教育局必須要有政策，見招拆招。相對政府各政策局而言，教育局面對社會動亂，以及新冠病毒追纏、大浪衝擊下，確是積極面對，肯與各教學專業團體、中小學校長組織，共同商討應對方法，亦願意頻密面對新舊媒體，公開說明及解釋政策。

　　以 DSE 為例，經徵詢醫學專家意見，並與學界各團體商討後，亦能掌握大多數考生、教師、校長乃至家長的「求考」心切，毅然作出宣告，以「一心開考、兩手準備」作號召，定出 4 月 24 日開考，同時亦提出兩個後備開考日期，以防疫變。同時又指明，若 7 月疫情依然未受控，有必要作斷考的選擇，呼籲全港學校及早做好校本評核，而考評局亦已有兩手準備。全球疫情之下，訂出清晰的考試時間表、路線圖，一線到底，學界普遍受落。

教育局應仿照 DSE 開考方案　制定復課時間表

　　一不離二，DSE 考試落地後，與考試同步進行的閱卷，即評卷中心的防疫如何？而中六以下各級，中小幼及特殊學校返學的時間表、路線圖，又如何一線到底，以期專心復課。教育局也應仿照 DSE 開考方案，聽取醫學專家意見後，說出全程示意圖，讓學界作多元準備。

　　從教育現場看，刑簡政清，筆者認為從 5 月中旬起，全港高中至初中可以復課；6 月初至 6 月中，高小與初小可以復課；7 月初，特殊學校及幼稚園可以復課，為新學年作準備。同時，由 5 月中高中復課起至 7 月初全港全面復課，一概只限採取半日制，減少學生在校集體午膳。另外，校方可酌情批准部分學生下午留校進行分組課外活動。

　　全球疫情，考核全球，過去幾個月的中華大地，維港兩岸，獅子山下，得分不低，經得起國際標準的人道及衞疫考驗。默默祈求，病毒早離人間，這段艱難時刻，彼此團結，是最好的抗疫方法。

（原刊於 2020 年 4 月 22 日《星島日報》）

從社交距離到心靈契合

內地、港澳及台灣在是次世紀疫情裏，憑着同舟共濟，彼此積極扶持，防疫政策到位，按部就班，醫護人員奮不顧身，民間整體配合的大前提下，將新冠病毒害人的覆蓋度及傷亡率，減至最低點，中華民族整體的意志堅毅，勇於面對危困的解難能力，歷史會有情有理地傳真下來。

香港教育現場，城中大事的中學文憑試，各校試場能安全開考，由入校門，考生一步一腳印，至順利完考。校長、教師、校務處同工、負責雜務打掃的工友們，彼此協作，營造防疫環境，讓考生免於恐懼地應考，最是功不可沒。文憑試結束之時，亦是中、小、特、幼各級學生陸續復課之日，如何在停學防疫期間的「保持社交距離」，再到返校復課，繼續抗疫，開啟師生共同上課的「心靈契合」？5月27日復課第一天，看來要回到教學專業的基本了。

必須有互動生命教育課

第一天復課前的師生安全準備如何？學校的防疫環境、防疫物品備妥是前設。校方發函提示，班主任致電學生及家長關懷慰問，共同迎接難得的復課天；第一天復課，早上，學生踏進

校門的一刻，校長應較當值老師前站在校門更前端，向師生點頭問好，以示復課的重要，無論如何，實體上課是網上教學難以取代；防疫關係，保持社交距離，操場的集會未能舉行，回到課室上課的第一天，師生大可不必先趕科場，追趕功課。世紀疫情下，倒是互動生命教育課有必須。超過百天的居家避疫生活心聲互訴，特別對跨境學童，以及曾經歷居家 14 天隔離的，生活即是教育，彼此傾訴分享，同上生命真實體驗一課。

「復課第一天，要向學生說些甚麼？」教師朋友問。「從世界疫情看，感染人數之多，傷亡人數之大，是讓人唏噓難過的；而內地及港澳台的堅忍抗疫，初步成功，學生要對為抗疫付出沉重代價的所有人員，付上心裏崇敬的鞠躬！如今能有幸復課並非必然，未來上課的求學更要認真，待人更要寬厚，彼此珍惜當下，盼望未來，這簡要而基本的價值，很值得用心與學生訴說，這是重要的。」筆者回答這位年輕的老師。

（原刊於 2020 年 5 月 13 日《星島日報》）

國史教育在香港的明燈

　　國史教育中心（香港）主辦的名家講座系列，已進入第二年，儘管受疫情所困，但繼續以網上形式推行，每次報名參與者仍踴躍。上周六，李金強教授應邀主講，題為〈香港國史教育的明燈──錢穆與孫國棟〉，錢穆是孫國棟的老師，而孫國棟便是李金強的老師。

　　錢、孫兩大學者，在香港開拓、鞏固並發展香港的國史教育，桂林街精神，儒人政治，艱苦奮進，困乏多情地做學問、教學生，薪火承傳的故事，以及三代師生交往情誼。由最年輕的、現為新亞研究所董事會主席李金強教授娓娓道來，網上的受眾用心聽來，是津津有味。

　　錢穆三大弟子（嚴耕望之政治制度研究、余英時之學術思想，以及孫國棟之唐代計量史學）各有專精，但都清楚要熟讀錢穆先生的《國史大綱》，這是成就三人的最根本。「我曾經任教中學的高考班，必須要考生讀《國史大綱》，後來任教大學，也向學生提出要求，但我想，今天不可能了。」李教授指出今天學界境況，「每所大學都說要國際化，這前設無錯，但在香港連任教中國歷史的課，都要求用英語上課，這不叫國際化，而是捨本逐末化……」

李教授演講完畢，網上提問踴躍，有人提問：「中國歷史教學如何改革？」範圍太大，時限太短，李教授只說了要有「常」亦要有「變」，「現今的社會是反常的，我永遠記得徐復觀老師曾經解釋，甚麼是偉大？正常即偉大。」李教授再言簡意賅地補充，的確，香港今天的社會，要的是正常！在政治覆蓋、顏色要分明，不是朋友便是敵人，價值異常混亂的香港現況，讓全港師生唸唸《國史大綱》的十多頁前言，摘取一句，一國之民要對自己國家的歷史文化存溫情與敬意，會起春風潤物育人之用。

　　名家講座，下回的講者是馬冠堯工程師，講題是〈香港水電煤──不息的故事〉。香港有點亂，一盞青燈，靜待 6 月中旬，馬先生細說尋常百家水電煤的有趣故事，一樂也。

（原刊於 2020 年 5 月 20 日《星島日報》）

雨下　雨落　雨暴

　　過去兩周，讓人心情鬱悶的新聞不少。先是中國內地與鄰近的日本，都大雨成災，房屋倒塌、財物損失，以及人命傷亡不少，看見軍民聯手救災，不在災難現場的，只能心中默禱，期望災情早去，復元快來！

　　回看獅子山下，自去年 6 月起，香港被社會事件折磨了大半年，驚魂未定，就遇上新冠肺炎疫情衝擊，憑着特區政府的防疫政策，更重要是民間的自律，並充分合作，在限聚令下外出，幾乎見到人人都負責任地戴上口罩，終於收到階段性的抗疫成功。

　　但「新冠」上任三把火，仍在蹂躪世界各國。香港未能倖免，疫情見好，政策稍有寬鬆，羣眾多聚，病毒同樣多聚散播。第三波疫情反彈較前為高，當下，團結抗疫，抗疫團結，聽從政府抗疫專家的政策建議，聽聽話話再過抗疫生活，還是應付疫情的不二法門。

　　返回教育現場，受到第三波疫情衝擊，中小學校「中招」個案相繼發生。教育局宣佈提前放暑假，再建議停止學校進行補課及課外活動兩周，是不能避免的防疫辦法。不少學校原設的中六及小六畢業禮，無奈要取消，主禮嘉賓都是大忙人，可能在畢業禮補辦之日，也後會無期了。

孤苦零丁的感慨

「2019 至 2020 學年，我認為對應屆中六畢業生影響最大，社會事件及疫情始終糾纏不放，現在連畢業禮都可望不可及，政府最新的防疫指示，DSE 放榜建議在網上看，回校則可免則免。真有孤苦零丁的感慨。我任教的一班中六生，都有不少怨歎。另外，看疫情反覆嚴峻，現在唸中五的，究竟會否要走去年中六學兄學姊老路？實在讓人擔心。」一位任教高中的老師，與筆者用文字訊息交流。

「欣賞你對學生的關心。教學面對學生，樂觀始終必須，特別看待天災，『生於憂患』這句話，是有很深的哲理。應屆中六畢業生，去年幾無學可返，亦無教師實體的輔導應考，自學自治的能力就是大考驗，畢業禮暫擱，愛校愛師愛同學的，更會珍惜補辦畢業禮的日期，這是難得的磨練、難得的回憶。」「就看雨災，雨落、雨下、雨暴，傘是擋不住的，但雨終必過，天晴必來……」我與教學不到十年的年輕老師，用文字對話，互相鼓勵，分享心得。

（原刊於 2020 年 7 月 21 日《星島日報》）

香港晴空萬里

　　世紀疫情造成世界艱難，最讓人驚駭與難過的，當是奪走無數寶貴的生命，單是美國，已有 40 萬以上的感染者因染疫而死亡。對於這世界科學與科技最強的國家，竟遭受最大的頓挫，除死神在暗角招手，予以最陰險、最冷酷的嘲諷外，囂張俗世，不得不在此時此刻，放下傲慢的身段，尋問一句：科學科技大軍，為何敵不過塵微的病毒細菌？人算甚麼？

　　美國總統大位登基慶典，終於肯用旗海替代人海，口沫橫飛誇誇其談的世界級政客們，連新任總統在內，不管如何顯要，都要戴上口罩，慎防感染。拜登就任美國總統，公開宣稱第一要務，就是低頭面對新冠病毒再散播。

　　另一邊廂，因新冠病毒而要延期一年的東京奧運會。今天，儘管病毒在日本仍然橫行，感染人數仍有反覆，數字仍時有攀升，但國際奧委會英雄氣概依然，說未有考慮取消，亦未有考慮再延期。究竟，這是商業利益的驅使，硬要舉辦東京奧運，必須先回答一個問題，就是運動精神宏揚的終極目標與意義在哪裏？

　　近幾天，走在太平山上，舉頭仰望；行進中山紀念公園裏，放眼遠望維港，都見晴空萬里。有人說，這是因為空中減少大量的飛機穿梭，減少大量的碳排放，由此換來的晴空。果如是，香

港的晴空，卻又用連航空業在內的百業蕭條換回來的。這是在疫情世界之下，帶給人類嚴峻思考，應如何面對生存與生活的矛盾，尋找能統一的美善生活？

香港晴空，萬里無雲，疫情總會有過去的一天，但人類是否已心生不忿，積存報復性消費，口罩放下之時，就是碳排放脫韁之日，沒有病毒威脅，就甚麼都拋諸腦後，甚麼都可以？烏雲蔽日，又是指日可待？抑或是全球國家，都記取疫情慘痛的教訓，彼此團結，不但合力做好防疫工作，更要建構生命共同體，清楚理解地球只有一個實體，彼此珍惜愛戴，守護地球，是每一個人應盡的責任。

（原刊於 2021 年 2 月 2 日《星島日報》）

山川異域，風月同天
——抗疫

　　政治狂飆，勢頭不止。汽車風馳電擎式狂飆，年少氣盛，膽正命平，人車合一的感覺，外人當無法享受體會，但人算不如天算，飆車一族，當然亦會車毀人亡，害人害己。從量化數學看，傷亡人數仍可以在預計以內。但狂飆在政治鬥爭裏發生，勝者要乘勝追擊，挾替天行道之名，邪惡必要加於敵人身上，甚至可將人物化，無生命氣息與價值存在，個人私了、集體私了也無妨，最終勝者為王，和勇同行，有羣眾擁戴就可以。感性喜惡不斷升溫，理性判斷必須要退卻的政治狂飆結果，最終是多方同受重大打擊，是多輪的爛局出現，是一個羣體、一個社會、一個國家，乃至一個時代，並將支撐整個羣體、社會、國家與時代的善良、和平、關愛、責任的核心價值，完全摧毀，淪落到萬劫不復的境地。如此歷史的驗證多得很！

　　瘟疫，歷世歷代都有，早已是天涯若比鄰，病菌無眼、無情，也無國界，不幸地偏偏被選中的，應對最好的方法，就是團結可團結的抗疫力量，積極面對！科學醫學日益發達，人命日益矜貴，每次瘟疫病毒盤旋上空，死神就看人類如何遇疫面對，站

在第一線防衛力抗的，當是「見慣死生」卻重視每一個體生命挽救的醫護人員，歷史上一次又一次的瘟疫侵襲，見證着一個又一個感人的無私大愛、真實的、動人的故事。歷史上，獅子山下，幾度瘟疫，19世紀末的鼠疫侵襲，先在雲南肆虐，輾轉亦傳入香港，最少造成2500人死亡；而現今不少港人經歷的，有20世紀六、七十年代的霍亂、肺癆、天花等病毒的死纏難擾，傷亡人數難以計算，而2003年的「沙士」來襲，死亡人數近300，醫生謝婉雯遺愛在人間，醫院現場上，與謝醫生同樣默默耕耘、守着香港市民的醫護為數不少！相較當時同樣遭受沙士病劫的台灣，有醫護的集體逃亡，香港醫護人員用醫德寫下寶貴的一頁，更用事實說明香港醫護專業甚高的水平，抗疫成功，港人乃至全國人民都引以為傲！早前的禽流感疫症，也有不少病人犧牲在病毒裏頭，瘟疫傷亡，年代不同，傷亡人數也不一樣，但可肯定的，患難見醫護真情，香港的醫護界是配稱白衣大愛使者之譽，是久經考驗的！

　　但後現代社會「無限自我」的價值思潮，顛覆無遠弗屆，這回肺炎來襲，竟有小部份醫護提出罷工救港，政治主張先行，彷彿政治能醫治百病，而實實在在醫護救人的訴求，就要押後再押後，政治有能量，「粉絲」是如影隨行，幾天的硬罷工，就有幾千的同行者，罔顧今天的疫情嚴峻，離開崗位捨棄病人而去！設在美國的討論時事的網台節目裏頭，主持人問評論嘉賓對此事有何評論，「不值得一談」，資深的評論員如此回應，當中是對醫護罷工表達無奈，也無語問香港！無情何以生斯世！

　　日本軍國主義犯下侵華害港的罪行，歷史必須記錄，主要目

的並非散播仇恨，而是提醒大和民族政治狂飆不能重蹈覆轍。事實上，經歷慘痛教訓，日本民間的和平大愛力量亦已深深播種，疫症一發生，日本政府與民間在不同的管道清楚表達，將全力協助中國抗擊疫情。日本政府和日本許多地方、企業都用實質的行動，主動向中國捐贈口罩、護目鏡、防護服等防疫物資。在捐贈給武漢的物資包裝箱上寫著「山川異域，風月同天」、「豈日無衣，與子同裳」。而東京晴空塔專門點亮了紅色和藍色，藉此為中國武漢抗擊疫情祈願和加油。日本厚生勞動省官員在記者會上表示，「壞的是病毒，而絕非是人」。確實，是回受害最深的，當是武漢人以及港澳在內的中國人。

擱筆之際，剛收到在新加坡的友人傳來，由新加坡國立大學陳永財校長的公開信，主題內容是向新加坡大學的所有在校師生、員工及校友，呼籲設立「湖北基金」，幫助湖北渡過新型肺炎病毒侵襲的難關，「中華民族歷來都不缺優秀的兒女，在同胞遭受不幸的時候，他們都盡心盡力，我覺得在此當頭，特別是那些具有號召力的中華兒女，能夠盡起表率作用，如此就可以給予實質性的幫助」一位新加坡大學的學者回應陳永財校長呼籲，捐了一千元新加坡幣予湖北基金的留言。

回到香港，疫情依然嚴峻，武漢當地更是艱難，死亡人數仍有上升勢頭，但願瘟疫早去，各地感染者，健康再來，最後以「山川異域，風月同天」起題並作結。

（原刊於 2020 年 2 月 8 日《信報》）